Bernd Hensel

Die Katze als besserer Mensch
In Beziehungstheorie

Impressum

Texte: Copyright by Bernd Hensel

Herstellung und Verlag:

BoD – Books on Demand, Norderstedt

ISBN 9783746018577

Nichts ist vergänglicher als die Stärke des Menschen

wenn die Beziehung zur Natur und sich Selbst nicht mehr im

Einklang

Inhaltsverzeichnis

Vorwort

Es war der 29. Mai 2017, ein Montag als ich um 11 Uhr bei meiner alten Tierärztin Frau Meisner eintraf. Mit Tränen, die nicht mehr stillstehen konnten, begleitete ich den Tod meiner Katze Ronia, die wegen akuter Niereninsuffizienz todkrank eingeschläfert werden musste.

Ihr die letzte Ruhe durch eigene Bestattung zu geben schaffte ich nicht, aber wie entscheidend war der Dialog an der Kasse mit der attraktiven jungen und sehr engagierten Ärztin, die schon vorher meinen Paul als Prachtkater bezeichnet hatte.

Bis bald, sagte die Biologin, nachdem wir wieder private Worte über ihre Schwester, die den gleichen Beruf wie ich als Soziologe erlernt hatte. Aber sie betonte, lassen Sie sich Zeit für ein neues Kätzchen, das muss ihr Bauch sagen, wobei ich fühlte mein Herz.

Die Gliederung und Idee zu einem Katzenbuch war schon vor dem schnellen Tod innerhalb einer Woche von Ronia entstanden, aber neben anderen Schreibprojekten, ziehe ich dieses Katzenbuch einfach vor, um meine Trauer besser zu verarbeiten.

Ein gleiches Loch war meine Entscheidung einen Tag nach dem Tod der Katze auch die über dreijährige Beziehung zu meiner Sexpartnerin endgültig ohne weiteres wie oft besprochene freundschaftliches Verhältnis zu beenden.

Kein Anruf in der Leidenszeit, wie es Ronia ginge, nur Kontakt danach, um kostenlos zum besseren Schlafen sexuell befriedigt zu werden, nachdem vorher und in der Küche der Trennung mehrmals die Aussage, die Katze ist kein Mensch, macht Dreck und kostet nur Geld.

Wer Tiere nicht liebt, sollte keine Kinder haben und mag auch nicht die Menschen. Ich mochte ohne Liebe und Verliebtheit meine Sexpartnerin, aber jeder hat das Recht in der Trauer begleitet zu werden und wer nur den eigenen Vorteil im Auge, ist unmenschlich.

Denn den Titel des Buches hatte mein alter Hausmeister in einer anderen Saarbrücker Wohnung noch unter Paul-Regie geprägt, dass Katzen eben die besseren Menschen sind. Warum werden die nächsten Abschnitte aufzeigen.

Ich hoffe, dass es den Tierliebenden vielleicht den ein oder anderen Anstoß gibt, über die eigene Liebe und den oftmaligen Kindersatz des Haustieres nachzudenken, sich zu reflektieren und vielleicht dem Tier noch mehr Wärme zu geben, es aber gleichzeitig damit aber sicherlich wieder zurück zu bekommen.

Eigene Identität

Was der Mensch oft über Jahrtausende nicht erreicht oder verloren hat, gewinnt die Katze von Geburt, nämlich eine eigene Identität, die sie nicht verliert. Wenn man eben wie ich 18 Katzen gehabt hat, kann sich leicht beobachten, dass jeder Katzencharakter anders.

Keine Katze imitiert nicht den Artgenossen zu seinem eigenen Vorteil. Es werden Revierkämpfe ausgetragen, aber nie unehrlich, sondern oft spielerisch oder wenn es um die Maus beziehungsweise den Vogel geht.

Die Katze kann auch wild alleine überleben ohne jemals zu verhungern. Sie sind alle Kämpfer mit dem Ich des Naturmenschen, denn sie sind andererseits Haustiere, die gerne das Herrchen oder Frauchen als Nahrungsgeber haben.

So tun sie wie der Löwe in der Steppe auch nach dem Pareto-Prinzip nur das Nötigste und 80% verbringen sie damit zu schlafen oder dösen. Die Männer sind da so emanzipiert, dass die Weibchen eben die Löwinnen die Aufgabe haben das Futter zu reißen.

Der Mann gibt Schutz und gießt sich in dem vermehrenden Saft. Dort ist die Löwin richtig gefordert, was in der Untergruppe der Katzen wiederum getrennt gesehen werden kann, denn es entsteht kein Rudel, sondern nur drei Paarungszeiten.

Die Trilogie der drei Perioden ist auch immer im Menschlichen sichtbar, denn der Mann braucht immer drei Dinge im Leben und oft drei Frauen. Die Katze ist sich identisch und nimmt sich den Kater nur zur Vermehrung.

Sie ist zäh in den sieben Leben wie der Mensch wiederum über sieben Brücken gehen muss, um wirklich Erfolg haben zu können. Die Katze kommt identisch auf die Welt, bekommt nach neun Tagen Augen und wird aus dem Wurf geworden, wenn sie Pflücke ist.

Die Natürlichkeit dieser Dimension ist nicht sozialdarwinistisch, sondern kann eben als Natürlichkeit bezeichnet werden, die der Mensch hat in Ursprung, ihm aber in der Gesellschaft wegsozialisiert wird.

Und diese persönliche Deformierung hat eben die Katze nicht. Sie bleibt gleich, so unterschiedlich auch jede Katze ist in ihrer mentalen Ausprägung. Sie hat auch nur kurze Veränderungen ihrer Gewohnheiten.

Letztlich ist sie zu 95% stabil, sonst könnte sie nicht überleben in ihrer natürlichen Unfeindlichkeit, denn der einzige Feind und gleichzeitig Freund hat sie im Menschen. Wie in jedem Haustier kann der Besitzer erkennen durch die Reaktion der Katze, ob die Zeitgenossen charakterlich in Ordnung.

Der bessere Mensch als Katzencharakter ist eben dadurch ausgeprägt, dass diese Spezies keinen Therapeuten braucht, um sich in ihrem Umfeld zurecht zu finden. Sie ist ihr Milieu gewohnt und braucht nur einen Tag, um sich zu akklimatisieren und wieder ihren Charakter zu stilisieren.

Ich selbst habe einen Kurs entwickelt, um den Menschen in gesunder und erfolgreicher Kommunikation wieder einen Teil der Ich-Identität zur natürlichen Vorteilhaftigkeit zu verhelfen.

Die Katze ist resistent gegen Formen der Sperrung der Identität.

Sie lässt sich nicht verbiegen, manche sagen, nicht erziehen, aber ist nicht immer Sozialisation im Sinne und Interesse der Oberen, die das Volk der Menschen implementieren will. Lasst uns von den Katzen lernen, denn sie sind durch die Resistenz gegen äußere Nutzenrepressionen die besseren Menschen.

Der hat denn wiederum die Charaktere, entweder den rationalen Anteil, den tierisch-Dominanten oder Emotionalen. Die Katze ist nicht kategorisierbar, denn sie hat ein Grundelement jeweiliger Spezifika pro Tier in Nuancen.

Und sie liebt die Menschen, aber viele Menschen mögen nicht ihren Nächsten, denn sie sind rein vorteilorientiert. So entwickeln sie Krankheiten in der Seele, wenn die eigene Psyche nicht zum Überbau passt.

Die Katze wiederum kennt lediglich das körperliche Kränkeln oder natürliche Sterben oder eben durch Menschen wie Autofahrer oder Tierfänger. Die Missgunst kennt sie gar nicht, höchstens die Rache, wenn sie unnatürlich mit mehreren Gleichartigen gehalten wird.

Sie ist eben ein Einzelgänger, der den Menschen akzeptiert als Hoheit, solange er den Charakter nicht verbiegen will, aber niemals lässt sie sich brechen, sondern wie der auch menschliche Einzelgänger geht sie dann in das Flucht- und Angriffverhalten über, das dem Menschen wegtherapiert wird.

Einzelgänger

Da können wir beide, nämlich die Hauskatze und ich ein Lied davon singen. Wir sind Paschas, die sich verwöhnen lassen, aber letztlich immer das Tun wollen, was sie ihm eigenen Kopf haben. Eben Einzelgänger mit ausgeprägtem Charakter.

Als ich meinen ersten dicken, großen, aber kastrierten Kater Blacky bekam war ich noch in den Kinderschuhen der Obhut meiner Eltern, aber der schwarze Kater verwirklichte das, was ich später einmal selbst im Leben mir ereignissen sollte.

Natürlich wie alle Katzen war die Hoheit mein Bett, aber er hatte keine Mühe jede Nacht in den Wald auf Reisen und Jagd zu gehen, um selbst die Eingeweide des erlegten Hasen der Nachbarin, die mich auch immer strengte in meinem Alleinsein und Spielen, in die Garageneinfahrt zu legen.

Er ging kaum durch die Löcher der Keller- und Haustüren, um sich auch sonst sein Fressen und Schmuseeinheiten zu holen. Er war eben die Urgewalt des Black Panther, wie die Befreiungsbewegung in den USA und das Gegenteil der feigen faschistischen Mörder im Rudel.

Die Katze hat zu ihrem menschlichen Herrchen so ein Gefühl, dass sie für ihn denkt und auch Sanktionen übernimmt, ähnlich wie beim Hund, aber dass die Katze hausgebunden. Das sollten wir immer wieder merken, wenn Blacky verschwand und hauptsächlich von meiner Mutter tagelang ausgerufen wurde.

Ich hatte die stoische Ruhe in dem Fall, denn ich wusste, dass er genauso gut nach Hause käme, irgendwann wenn es ihm beliebte wie ich schon in meiner Kindheit und späteren Jugend. Wir erwarteten uns gegenseitig telepathisch!

Manchmal war es aber in meiner noch unkindlichen Unvorsicht übertrieben, wenn ich morgens vor der Schule auf ihn wartete an meinem kleinen Fenster des dritten Stockes, um den Blick zu erhaschen, wann er über die Straße aus dem Wald jägern käme.

Einmal machte ich den Fehler nach Blacky zu rufen und nicht zu bedenken, dass er sofort reagiere, aber der Bus unterwegs und er nur knapp auf Zuruf in der Liebe zu mir vom Kutscher gestreift wurde.

So sind Partisanen durch das Herz unvorsichtig wie auch die Tiere, wenn wir jemanden lieben, denn wir haben keine natürlichen Feinde, nur uns selbst und die menschlichen Verräter. Aber das Tier in der Jagd ist wie der Mensch, der richtig leben will, bereit zu sterben als Voraussetzung des wirklichen Zuges in nicht jeder Sekunde, aber vielleicht den Tag.

Und wie die Menschen ihre Ruhe brauchen und die auf die Matratzen gehen, schlafen die Katzen eben sehr viel, um das Einzelgängertum auch in kräftigen Zügen genießen zu können. Um dem Burnout zu entgehen gehört für Menschen und Katzentier natürlich auch die richtige deftige Mahlzeit dazu.

Der Charakter stilisiert sich beim Menschen in den ersten sieben Lebensjahren und so erscheint mir wenn ich Würfe der Katzen sehe, die Disposition der Unterschiede in der Katzenseele in der Gruppendynamik durch die Mutter.

Ich werde später dazu noch einiges sagen oder schreiben zu der Problematik meiner verflossenen Ronia des Vorwortes, aber die Männer sind eben nicht treu. Dieses Schicksal mussten wir eben erleben, als die Familie mit mir in Urlaub fuhr und Blacky versorgt durch Nachbarn.

Nach vierzehn Tagen verschlossenem Bürofenster meines Vaters wechselte er eben einfach, faul wie Katzen eben auch sind, eine Fensterbank weiter zur attraktiven Nachbarn und von nun an war ich ihn los. Ich gab ihm mental die Freiheit, denn er hatte sich entschieden.

Nun aber brach ein Nachbarschaftskrieg aus, denn meine Mutter und die neue Blacky-Mutter gerieten in Zwist und heftige verbale Attacken über Wochen, obwohl meine Mutter Blacky genauso abgeworben hatte.

Wie später in meinem Leben ließ ich mein Kopfgeld eben wie Blacky eben auch nach jeweiligem Interessen und Gunst verschönern. Katzen sind eben auch egoistische Einzelgänger, aber mit einem großen Herz der peripheren Treue.

So ist mir seine immense Gewalt und Kraft immer noch im Gedächtnis nach 45 Jahren und niemals sah ich außer bei Wildkatzen oder den Panther im Zoo so ein Exemplar. Übrigens das schwarze Ungeheuer ist in Beschauung der Menschen auch im Zirkus immer separiert.

Wir von der schwarzen Front lassen uns eben auf keinen Fall umerziehen, angucken ja, aber nicht domestizieren. So war das die die Jugendstory der Einzelgängerprägung, die mich so fasziniert mit all ihren Gefahren, die sie birgt.

Aber man muss auch die Ehrlichkeit der Wechselbereitschaft in allen menschlichen und tierischen Lebensphasen sehen, wenn es eben zu etwas Neuem im Dickkopf, den wir beide, die Katze und ich haben, es dann grummelt und die Trennung angesagt.

Schlafen

Ein gesunder Schlaf ist für Mensch und Tier prägend. In dieser Phase verarbeitet man die Ereignisse des Tages und legte die Pläne für den nächsten vor. Auch Katzen träumen, man sieht es am Zucken, so wie der Mensch sich etwas wünscht nach Konfliktverarbeitung.

Oft sagte ich als Herrchen, ich würde gerne durch den Katzenkopf sehen, wenn sie nachdenklich geradeaus schaut. So stammen wir eben nicht aus der Erbse oder sonst etwas von Adam und Eva, sondern haben uns aus der Tierwelt über lange Zeit entwickelt, aber vom Charakter immer mehr zurück.

Aber der große Unterschied ist, dass die Katze nichts herstellt, sondern nur konsumiert, während der Mensch eben neue materielle Werte schafft, von der auch das Tier profitiert. Nur der Mensch entwickelt sich gesellschaftlich unter seinen Artgenossen zurück, aber mit Reflexion der Katze, die ihm den Identitätsspiegel vorhält.

Nun brauchen wir aber auch bei aller Hektik des Schaffens und Workens eben wie die Katze nach dem Jagen und Fressen unsere Ruhephasen. Sie bekommt kein Burn-Out, aber der Mensch ist heute zunehmend gefährdet.

Wer schläft, sündigt nicht. Eigentlich ein blöder Spruch, dachte ich mir, wenn ein „kluges" Gegenüber dies äußerte, denn, wenn ich mit einer Frau schlafe, kann ich nach kirchlicher Ansicht sowieso sündigen und letztlich, wenn ich mich im Akt nicht korrekt verhalte, auch das weibliche Pendant immaterialisieren.

Da komme ich noch einmal auf Frau Meisner als Tierärztin zurück, die meinen noch genauer beschriebenen Kater Paul untersuchte und meint er sei wegen des dicken Kopfes spät kastriert, aber zum Glück könne er kein Unheil mehr anrichten.

Ist Sex Unheil oder die Vermehrung? Und als sie später dann einmal sagte, er hätte ein schöneres Fell als sie, habe ich eben beim weiblichen Wink mit dem Zaunpfahl geschlafen. Sie möge sie es mir in der Situation verzeihen und vielleicht nach Literatur dieses Buches, das sie als Erstes bekommt noch einmal dialogisieren lassen.

Nun können wir eben auch wie angedeutet durch den Schlaf wie die Katze sündigen, wenn wir uns am nächsten Tag uns etwas Neues einfallen lassen. Bewusst oder unbewusst werden wir immer gesteuert und nie sind wir als Lebewesen unkommunikativ.

Die Katze zeigt, wenn sie sich wohlfühlend zusammenrollt, dass sie in der Wohnung keinen Gegner hat und schon einmal gar nicht, wenn sie ihre schwachen Stellen am Bauch zeigen. Nun sind eingerollte Menschen oft Heimkinder.

Und so oft auch die Hauskatze zu charakterisieren ist, etwas degeneiert und faul durch den Menschen, aber ehrlich und identisch geblieben. Wenn der Mensch wenig schläft, ist er meist auf Geldjagd. Die Katze jagt nur so viel sie selbst braucht oder die Maus ohne Kopf dem Herrchen oder Frauchen als Trophäe bringt.

Niemals schimpfen, der nur Gutes tun will und wie meine Oma eben bei Nerven eben dies auch in den Vordergrund stellte. Wer die Katze verwöhnt, bekommt Emotion in Pur zurück, mehr als ein Partner in 50 Jahren ehrlich mitsozialisieren kann.

Das Konservative

So eigensinnig Katzen sind und ihrer Unabhängigkeit frönen, so negieren sie jede Art der direkten Veränderung. Sie tun es höchstens zweimal im Leben und denken dann wieder darüber nach, ob es richtig war.

Aber sie schauen auch ihr Herrchen direkt strafend an, wenn er Möbel oder Sonstiges umstellt in dem Sinne, sie verändern zu wollen. Sie lassen es sich nicht einfach gefallen und führen den Widerstand durch, indem sie den Gehorsame der Veränderung verweigern.

Sie tun einfach nichts für fremde Mächte und das gleicht ihnen im Kampf der Freiheitskämpfer, für die der Charakter der Katze einfach unbedingte Voraussetzung des Erfolges, der nie auf Glück beruht sondern Willen.

Dieser ist bei der Katze in der Form eben ausgeprägt, so dass man ja sagt, dass sie sieben Leben haben und zäh wie Holunder. Sie geben nie auf und springen dich an, wenn sie in die Ecke gedrängt werden.

Da ist die Liebe wieder entscheidend: Eine Katze tut alles für den Vater oder die Mutter, aber wenn sie verraten wird in ihren Emotionen ist schnell Schluss. Sie geht grußlos und wird nie wiederkommen.

Oder als meine Mutter zum „Spaß" einmal die Katze in die Badewanne geworfen hat, war drei Tage Kommunikationssperre. Sie wurde wieder aufgehoben, aber musste diejenige, die mich gebar schon viel Werbung machen als Katzenmutter.

So ist es auch in einer Beziehung, wenn der Verrat im Vordergrund stand und es nur um die Taler geht, ist hauptsächlich der Mann auf einmal beim Zigaretten kaufen für immer und ewig verschwunden.

Solls ja geben, so verschwindet die Katze in ihrer Vulnerabilität, das heißt sie ist eben verletzlich, eigentlich nicht nachtragend, aber wenn sie eine Entscheidung getroffen hat, ist sie weg und das für immer.

So war es auch in meinen Beziehungen mit Frauen gewesen. Wiederholung nur, wenn ich mich rächen wollte und das war nur bei der ersten der Unreife. Genauso sind verheiratete oder besetzte Frauen Tabu, außer der Partner als Freund betrügt mich.

Es ist wiederum etwas Konservatives aber gesellschaftspolitisch Progressives, dass bestimmte Werte, die in der Gesellschaft normiert werden sollten zum Wohle Aller natürlich eingeräumt werden.

So ist in der aktuellen Diskussion der Ehe für Alle einerseits eine Richtigkeit gegeben, aber mit der Einschränkung, dass vom Grundgesetz und eben dem Tierreich das männliche Wesen sich mit dem weiblichen Element verbinden kann.

Kinder können Gleichgeschlechtliche durch den Akt nicht bekommen, somit soll meiner und deren Katzenphilosophie entsprechend auch die Adoption wie auch für das Ehepaar gesetzlich reglementiert werden.

Natur ist konservativ und lebt Jahrtausende, aber sie wehrt sich, wenn der Mensch unnatürlich eingreift. Das macht es auch so wichtig, die Natur wie die Katze nicht zu reizen, denn jeder reagiert anders.

Aber so haben alle Lebewesen, den natürlichen Drang zu existieren, nur habe ich noch nie gehört, dass sich eine Katze umgebracht hat. Sie überlässt es eben der Natur, wann Finito ist, nur der Mensch bringt sich in zunehmendem Masse sich die Gesellschaft darwinisiert selbst zum Endpunkt.

Denn manche Menschen sind nicht mehr durch irgendwelche Sozialisationsprozesse, ohne weitere Erläuterung in diesem Buch, nicht so stark mehr in dem übrigen Willen, weiterzuleben und eben von einer Niederlage wieder aufzustehen.

Die natürliche Aggression des Andere zukommen und sich zu relaxen nach der Jagd geht abhanden und der Selbstzweifel, die Aggression geht nach und kann im schlimmsten Fall im Freitod der Unnatürlichkeit enden.

Der bessere Mensch ist eben auch derjenige, der nicht seine Schandtaten weihen lässt, sondern auch einmal in menschlicher Form seine Meinung sagt und das dem Mitmenschen ins Gesicht. Die Katze funkelt ja auch mit den Augen und stellt den Kamm, wenn es heikel wird und frisst dann eben drei Töpfe Futter nach getaner Schlacht.

Ernährung

Was Katzen fressen, ist das, was sie fühlen und gleichzeitig bekommen. Ob vom Mensch oder der Jagd. Am liebsten Eingeweide, die sie noch stärker machen als sie eh schon sind. Genauso verdirbt sich der Öko-Mensch, der auch noch Hanf nimmt durch den Müsli.

Alternativ ist gut, aber degeneriert ebenso. So ist die beschlossene Ehe für Alle ein wahrer Wahnsinn, den richtiger Weise entscheidende CDU-Politiker anprangern. Die Katze ist konservativ wie die Tierart überhaupt, aber gewissenhaft und vom Stande rein.

Der Mensch nicht mehr, denn er persifliert sich in Gemachen, die dem Alten Rom hinterherlaufen. Das sind Panem et Circenses, die Ernährung per Grundsicherung und gekaufte, vorbestimmte Fußballspiele.

Die Katze kann sich Ihr Fleisch selbst holen und hat immer Beschäftigung und wenn sie nur mit ihrem Schwanz spielt. Die Jagd ist wie das Geldverdienen des Menschen. Es hält jung und stabilisiert die Seele.

Und die ist beim Tier viel stabiler als beim Mensch, der zunehmend durch Degeneration und Krankheit, gepaart mit Armut den Hilfsweg der Psychologie nimmt, deren Standesvertreter dann im Privaten noch kränker lebend, wenn bedenkend, dass höchste Alkohol- und Selbstmordrate unter Ärzten.

Das kann und es und will es nicht mehr sein, denn über allem steht die Natur und je näher das Lebewesen dieser Form, um so ehrlicher und besser geartet ist der Mensch. Komischerweise behaupten ja oben die genannte Spezies des Berufsstandes, der sich anmaßt, den Menschen zu formen oder zu domestizieren, dass es abartige Patienten gibt, die man ewig einsperren muss, ohne noch ihnen ein Wort Gehör zu geben.

Was ist das für eine Welt, wo die Natur der Aggression und Reaktion als falsch angesehen wird, wo der Mensch, der um seine Freiheit und seine Rechte kämpft als abnorm gesehen wird. Einfach Pfui, wie die Katze nicht das frisst, was ihr nicht schmeckt.

Warum sagt man den Kurpfuschern nicht einmal, die materielle Existenz ist wichtig und wenn jemand in der Bronx aufgewachsen, muss er kämpfen um seine Brötchen und Wurst, aber eben mit anderen Formen als die High-Society der Ärzte, die reicher und reicher auf die Welt kommen und sich verdoppeln und vermehren.

Nun die Katze auf Normen, die ihren eigene Lebensraum eingrenzen, denn es ist entscheidend, das zu tun, was das Überleben sichert. Und dazu gehört für alle Spezies eine ausreichende Ernährung und gewissenhafter Umgang mit dem Anderen, solange er nicht in mein Revier spukt.

Als ob selbst Leben ist Voraussetzung für Leben lassen, so ist der zweite Napf der Katze, die sich eben auch nur dann überfrisst, wenn sie unglücklich – siehe Ronia – und zufrieden schlanker werdend.

So haben wir heute bei den Menschen die McDonald-Geschädigten, die bei jeder Musterung wegen Fettleibigkeit auseinanderfallen würden. Furchtbar eine existentielle Gesellschaft, wo sich Arm und Reich stilisieren im Gewicht und an Kukident-Zähnen.

Ich will keine Einheitsgesellschaft, wie alle Katzen strammstehen und gleiche Art, aber eine gewisse Konformität im fünften Weltkrieg ist schon notwendig, denn zunehmend raffen sich in Deutschland und Frankreich auch Einheitsparteien oder Große Koalitionen im Grunde demokratische Diktaturen zusammen, um eben die Grundernährung zu sichern, wie es sich gehört.

Aber der Mensch wie die Katze hat ein Anrecht auf Widerstand. Auf dem G20-Gipfel hat man es gesehen, wenn die Masse gegen die Schutzmacht gewinnt. Und eine Katze setzt auch immer ihren Willen durch oder geht grußlos. Sie lässt sich ihren Stolz nicht vermiesen.

Sie ist eben aus Edelstahl., der nicht verbiegbar, wie mein Onkel einmal über mich sagte, So hat die Katze den Willen sich nicht zu beugen. Und das ist allzeit der beste Spruch von Rechtsradikalen: „Leiber stehend sterben als kniend leben!"

Der Wille zum Nehmen der Katze zeigt sich in der Ernährung, das sie solange bettelt, bis sie das bekommt, was sie will. Das können kleine Kinder noch, die sehr viel Ähnlichkeit mit dem Katzencharakter. Unbekümmert fragen sie, sie weinen, sie fordern.

Und mit zunehmender Sozialisation bekommen diese das Natürliche ausgetrieben, so dass nichts mehr übrigbleibt von der alten Nonchalance der spielerischen Intelligenz und Lebens/Welteroberung. Niemals den Willen brechen, von Katze oder Kind!

So ist auch mein Entschluss, wie ich weiß wie es beruflich national oder international weitergeht mir wieder eine Katze zu nehmen, genauso bis zu den eigenen Kindern auf den Namen werde ich Grundschüler am Nachmittag sportlich und mental betreuen, womit familiäre Defizite gesellschaftlich ausgeglichen werden können.

Es ist schon schön, wenn man immer etwas getan hat, um sich früh in den Lebensabend zu retten, wie die Katze eine „Trampa", sprich Falle, die lange lauert, bevor sie die Maus erhascht. So bin ich spezialisiert auf die Kriminellen, die das Brot der unteren Drittel der Bevölkerung sich ertrügen.

Aussöhnung zum Nutzenausgleich

Mit Katzen kann es einen Ausgleich geben, wie schon beschrieben, wenn man sie beleidigt, aber auch mit meinen zweibeinigen Katzen, wenn die Nutzbarkeit in den Vordergrund gestellt wird. So war eben die Sexpartnerin auch nach dem Entschluss sich wieder eine Katze zu nehmen, sie auch wieder zum Kaffee und …

So spielt das Leben, aber auch andere berühmte Katzen, die Miauen und kämpfen sind in der Erfolgsspur bei mir oder auch wieder nicht. Eher kann mich eben ein natürliches Raubtier verführen, als dass ich tiefes Vertrauen zu einem Zweibeiner habe.

Denn: in dem Assessment-Center 1989 zum Topmanager hat mich meine Verlobte – siehe gestohlener Goldschmuck apres – die jetzt Milliardärin klaut schon im Vorhinein! – so dass ich einen tiefen Stachel habe, der nicht entblutet.

Dieses Kapitel ist ein Zwischenschritt – oder –Pils, denn ich habe in fast zehn Punkten wieder vor, militant-juristisch-offensiv zu werden, wie wenn die Katze springt und faucht, wenn sie in die Ecke gedrängt.

Sozialisten vereinigt Euch in dem Kommando für die Menschlichkeit und gegen den Profit zu kämpfen, für die Beziehung und gegen das Ausnutzen. Denn das macht ein Tier nie, ohne Grund: Dass es falsch ist und die Berechnung, die Schakalerie, nicht das offene Wort stammt gerade von dem Menschen und noch mehr dem Weib!

So stehe ich im Moment in der Staatsräson der effektiv vielleicht geheirateten Frau mit Altar und Standesamt zwischen der guten Kubanerin und der Schauspielerin in Ami-Bronx. Mein Herz tendiert zwischen Vernunft und Gefühl, aber lass die entscheiden in der Raison, eigentlich egal nach fünf „Ehen", wo die Spezialaufgabe für den Weltfrieden, der zum 1. Oktober eingestellt sein sollte oder muss.

Die Katze oder ein richtig weiß-Schwarzer Kater – am liebsten hätte ich immer einen Puma im Garten gehabt – der zu Nichts zu gebrauchen, da nicht integrierbar, wie ich, letztlich bei allen Ratschlägen mache ich doch, was ich will und trage aber ebenso die Verantwortung für mein Siegen und Fehler.

James Bond für Arme, aber in deutscher und gerade saarländischer Realität, das mag das heißen, was die Katze von Natur hat und nie ablegt, auch nicht in Gefangenschaft, nämlich die Ich-Identität, wofür Manager zigtausende Dollar ausgeben, um dann wild in der Gegend herumzuschreien oder von hinten mit dem Baseballschläger zu kommen.

Wo sind wir in einer Welt gelandet, wo ein tyrannischer Vollidiot und kapitalistischer, korrupter Immo-Milliardär die Weltmacht regiert und schon wie wohl selbst das Land pleite gemacht hat endgültig in einem halben Jahr.

Aufstehen SPK – Alle, die krabbeln können, kann ich da nur sagen. „Völker, hört die Signale", um Nicht wieder aus Ruinen aufzuerstehen!

So jetzt haben wir katzenpolitische oder in meinem Faible der marxistischen Soziopolitik philosophiert, aber in der Kammer in Marburg, wo ich heute Morgen gerade schreibe, ist eben auch die Zeile etwas anders, eben im Sinne der Milieutherapie

Schmusen

Es geht nicht nur immer um den Geschlechtsakt, denn die Katzen haben auch dreimal im Jahr ihre Zeit, wo sie natürlich die Familie gründen, wo eben der Vater der gute Freund. Aber sie geben sich abwechselnd jeden Tag Liebe und dem Menschen, der sie obhütet.

Und das ist das Wichtige, was dem Menschen immer mehr abgeht. Da stelle ich mir die Frage, warum die Madame Lopez offen in einer Gruppe, wo sie nicht im Scheinwerferlicht deutlich kommuniziert, aber immer wenn irgendwelche Macker, die vielleicht ihre früheren Liebhaber sich den mir scheinenden Emotionen verweigert.

Hab ja eigentlich gedacht, einmal Ruhe zu haben, da ihr Urlaub vorbei und ich eben diese Woche auf Reise, in Sachen Eigennutz und Wahlkampf, aber was tut sie in Verfolgung, sie versucht stümperhaft ihre eigenen Probleme in Helfersyndrom zu kippen oder zu bewältigen.

Warum spricht sie nicht offen, wie die Katze oder Kater an, wird er andere gefällt, oder es eben im Bauch kribbelt, dazu keinen Porsche oder drei BMW brauchend: Einfach sagen, lass es uns probieren.

Ich würde vom Herz zu ihr stehen, mehr als nach Kuba, nicht wegen ihrem Geld, sondern sie mein Leben durch ihres besser tragen kann. So stand Paul immer zu Ronia und umgekehrt, auch wenn sie sich um die Liebe von mir immer gefetzt haben.

Mein Paul als Kater, der total fixiert, gab mit Kraft, Ronia päppelte ich auf und war eher der pflegeleichte, ehrliche Taymara – Typ und auch Jennifer Lopez gibt mir Kraft durch ihre Werbung, die sie versucht, aber eben dadurch, dass sie mich ständig versucht eifersüchtig zu machen.

Ich bin es in meiner Verliebtheit zu ihr auch etwas, aber weiß durch die Kommunikation am Wochenende am Lagerfeuer, dass sie neu ausnahmsweise einen starken Mann sucht und natürlich kämpft wie mit den Vorexemplaren.

Ich würde gerne mit ihr schmusen, wie ich es immer mit meinen Katzen tat, ihren Körper erfahren und perhaps etwas geben, was sie sich eben wünscht durch ihre Kontaktaufnahme zu mir, Sicherheit in „Diktatur", aber sehr emotional und kontrolliert in dem beruflichen und persönlichen Drill.

Schön wäre es, wenn wir noch ein Kind zusammen haben könnten, denn der Altersunterschied zu ihren Zwillingen ist nicht groß. Ich habe weniger Geld, aber kann ausreichend leben. Sie hat genügend, und kann sich um eine Familie, die sie auch noch braucht kümmern.

Sie ist schnell, aber vite weg, aber ich habe Hoffnung, dass ich es ihr vielleicht einmal unter vier Augen sagen kann, aber mit ihrer Angst sich natürlich zu meiner Person zu bekennen. Vielleicht weniger Aufträge oder Engagements, aber dafür mehr Zufriedenheit ohne Sex-Orgien in Alkohol und Drogen.

Na ja, vielleicht träume ich auch nur, denn eine Frau, die mehr Geld hatte in dem Ausmaß, behielt ich mir immer in Distanz, um nicht abhängig zu sein. Genauso wie mein Paul, der eben auf der Straße groß wurde. Gefährlich ist nur meine Aufgabe, an Trumps Rücktritt zu arbeiten.

Das mag der Grund der Distanz sein neben eigener Schwäche,
aber es kann durch eine Verbindung, bei dessen Blödheit auch
den vorgezogenen Weltfrieden und demokratischen Wahlen in
den USA verwirklichen. On verra!

Der Katzenklauer

Gestern hatte ich einen Spaziergang mit einer saarländischen Freundin, die auch über einen oder zwei Kater plus Hund – belgisch Schäferisch – verfügt. Ich bekam den Titel: Katzenklauer, weil auf dem Spaziergang ich hätte einen weiblichen Marmorkuchen direkt mitnehmen können.

Zudem hat es mit ihr ehemals kranker weiß-schwarzer Kater angetan, der mir zugewandt, weil sie, wie immer am 20ten pleite, ob mit viel Rente, Haus oder wenig lange kein Geld für den Tierarzt fürs Kerlchen.

Ich sprach ihm immer gut zu. Das behielt sich das Tier im Gedächtnis. Er ist wunderschön, aber nicht so verschmust wie das Kätzchen auf der Straße, das sofort den Bauch zeigte. Meine Kameradin sind die Katzen wie meiner Cousine eigentlich egal.

Sie brauchen den Hund für Bewachung, wenn die Liebhaber oder deren Ehefrauen kommen. Das ist eben der Unterschied in dem kleinen Tier- und Menschenreich. Aber eigentlich bin ich kein Klauer, sondern ein Umschwärmer wie bei den Frauen.

Sie laufen mir zu und dann doch nicht richtig. Sie wollen mich, aber nicht meinen Zug und meine Vita. Sie holen sich eben Geschmack und gehen zum nächsten schwachen Kater. Ich stehle die Herzen der Tiere und weiblichen Menschen.

Aber nicht bewusst, denn ich will euch meine Wärme, das kleine Schmusen, aber das machen dann die Jungen oder Männer, die eher vom Alter und Charakter passen. Aber die interne Liebe bleibt glaube ich bei mir.

So nehme ich niemanden etwas weg, sondern führe, obwohl die Richtiges schnappe ich mir dann auch, wenn ich Minne singe, wie mein Kater Paul um Ronia, Gott habe sie selig, die alte Miss Irgenhöhe oder Sexpartner lebt in ihr weiter und somit sie in der „Rache" präsent.

Die ist wiederum eifersüchtig und will die ganze Hand, bekloppt, die Katze probiert es ein oder Zweimal, aber nicht immer mit der alten, beschränkten Leier. So sollte ich vielleicht eher auch einmal eigensinnig sein und die Herzen oder Katzen, die ich geistig stehle, auch körperlich nehmen.

Heute Abend ist es wieder soweit, ich werde zuschlagen, auch wenn Bock oder Sonstiges gegen die sexuelle Hörigkeit der menschlichen Katzen entgegensteht. Die Katze ist in der Brunft auch mehr anfällig neben dem natürlichen Vermehrungsdrang den Liebkosungen des Menschen zu gewidmet.

Ich aber werde nicht mehr stehlen, sondern erobern die Herzen aller Frauen oder Katzen, denn was man mir hat weggenommen oder an Jahren. schließlich eine Generation – dazu habe ich das Recht, mich völlig legal zu rächen, indem ich meine Interessen im gesellschaftlich-sozial-politischen Rahmen mir zu nehmen.

Auf geht's los: Che, alleh hopp: Jetzt wird wieder in die Hände geklatscht, um den eigenen BIP zu steigern, zur gesellschaftlichen Erneuerung, denn beide Seiten haben etwas davon. Die Katze oder Weib, indem sie endlich ihren Traum erfüllt und ich mit meiner sexuellen Befriedigung.

So sind in dem Ursprung der Natürlichkeit Katzen und Menschen gleich, die Katze nicht besser als das Weib, wenn auch die mehr heute sozialisiert trickst. Auf ein Neues. Der

Blüte der sexuellen Revolution, indem es wieder heißt wie die Katze lebt. Einmal mehr als mit einem Partner ist schon Establishment, so kann man getrost auch die Frauenfreudenhäuser mit Inhalt wechseln, ohne wirklich fremdzugehen.

Wahl und Ernährung

So haben sie in Deutschland alle wählen dürfen, während die Katzen natürlich in erster Linie die Nahrungsaufnahme interessiert. Das konnte ich in Havanna berichten – die dort überhaupt ihr distanziertes Verhältnis haben -, denn bei meinem Jeden-Stopp bei dem Verkauf der Tiere mit Beobachtung der Grün und Gelb-Augen setzte ich den dritten Weg des Mittelmaßes durch, die dürren Kubaner im Vergleich zu den MacDonaldGeschädigten Deutschen, etwas durch mein Baguette zu füttern durch Halbierung des Martinschwertes.

Die Kubanischen Cados werfen im September und bei zwei Geschwistern, die noch überlebten, war ein kranker Paulaner-Marmor-Kater, der immer tänzelnd wie ein Mannequin sich kaum auf den Beinen halten konnte, dass er durch mein Füttern – kräftig – und wohl Nachhilfe Einiger am nächsten doppelte Masse auf die Katzenwaage brachte in Vollendung seiner Lebenskraft und weichem Fell.

Das war am vorletzten Tag meines dritten Aufenthaltes in Kubas Metropole – der deutschen Serenada – die wieder auf deutsche Verhältnisse hinweisen soll, dass das was die Katzen natürlich – mein Füttern war auch getrennt in Uno-Dos-Tres – Solidarität bei Ich-Identität – könne der Mensch und hoffentlich auch nach neuer politischer Führung die Gesellschaft etwas abschauen.

Die Scheren sollten wieder zusammenwachsen mit Gleichgesinnten aller Länder und wem das nicht passt, der solle ein friedliches Deutschland in die kapitalistischen Dschungel des Sozialdarwinismus verlassen, wo er heute Aktienmilliardär und morgen Bettler sein kann.

Die Steuerfahndung kennen Katzen nicht, aber sie können eben auch überleben ohne Herrchen. Der Deutsche weniger, denn er eist nicht zum Einzelkämpfer von seiner Sozialisation geprägt, eher zum Hunde-Nachlauf.

Und der Hund ist dressierbar, die Katze dominiert emotional mit ihrer Charakter-Passion und Patience. Sie probiert es immer wieder und letztlich hat sie vollen Freiraum, wenn sie allein. Der Mensch, auch der Kubaner ist eher ein Herdentier.

Aber: deren Katzen funktionieren natürlich wie alle auf der Welt, durch den Magen und Zärtlichkeit, und das sollte auch alle Proletarier der Welt nicht vergessen, die Liebe und das Schmusen und die Ehrlichkeit des Raubtieres das globale Wohlbefinden ausmachen.

Ehrlichkeit und Menschlichkeit soll die Devise des 21. Jahrhunderts sein und das leben die Katzen in ihrer Einzel-Gemeinschaft vor. Ich behaupte, wir können uns von Kindern, die nicht feindlich und destruktiv auf die Welt kommen und auch der Tierwelt noch einmal Einiges abschauen:

Zurück zur Natur und der schon monatelang verschobene Zoo-Besuch, ich glaube, ich war das letzte Mal im Zivildienst vor 31 Jahren im Saarbrücker Profi-Gehege, soll Vorbild sein, denn die Menschenkrankheiten sind der Ursprung bei Einpferchung der Tierwelt.

Und da will ich über den menschlichen goldenen Käfig sprechen, in den man den Partner, das Kind oder das Haustiere einsperren kann. Irgendwann wird es krank und bricht irgendwie aus. Immer noch Roots: Wer die Hand mit dem Schmetterling zu fest zudrückt, wird ihn töten.

So gibt es viele Arten einen Menschen zu töten, eben physisch wie psychisch und so gibt es schlechte „Herrchen" und auch wir Menschen müssen von den Tieren wieder in unserer Form lernen, auszubrechen wie wir es in dem Jahr 2017 nach 100 Jahren Oktoberrevolution sehen.

So können wir lange über Gesellschaftssysteme und Theorien diskutieren, letztlich dominiert die Materie, die Wirtschaft, die Nahrung als Grundlage der Existenz und Alles Andere ist neben dem Sexual- und generativen Tötungstrieb aufgesetzt.

Und letztlich egal, ob die Katze grün-blau-brinzlich oder der Ford gegen Opel getauscht. Der Kern zählt und da ist die Katze eben der bessere Mensch, da der Affe äfft und gehorcht und der Löwe der Herr der Steppe im Jagen.

Und wie jetzt die Links- und Rechtsfaschisten von Jagen Anderer in der deutschen Politik sprechen, so ist die Katze eben bei bestimmtem Fressen oder Jagen satt, der Mensch, der Bestimmte will immer mehr und mehr und NimmerewigKonsument.

Und haben sie schon einmal eine narzisstische Katze gesehen, die als Mann oder Frau nur schön für die Kamera und Talkshows sein will. Denn sie flüchtet vor dem Scheinwerferlicht, weil es auch immense Gefahren in sich birgt.

Im FCS die „Mitzekatz"

Heute gewannen die Frauen des FCS im Pokalspiel gegen Mönchengladbach, eigentlich der Verein, wo ich das erste Mal einen Toten sah. Es war das Jahr 1977, welches ebenfalls in die Geschichte des heißen Herbstes eingegangen, aber illegal.

Die Burbacher sind wie die Wackenberger dissozial, wenn nicht grundlegend seit Jahrhunderten Asozial, denn damals ohne Blockunterteilung stach einer mit Kuhglocke den erstbesten Gladbacher Fan ohne irgendwelchen Grund einfach ab. In der Halbzeitpause wollten die Geschädigten einfach nur den Mörder, den wir aber in unserer Solidarität, die immer fußballerisch im Elfkampf nicht herausgaben.

Es war wie eine Schlacht im Teuteburgerwald nach Spielende, so dass in unserem, eben letzten Bus kein Fanartikel mehr vorhanden. Ich wie immer in Zivil in meiner Standardkleidung selbe Schuhe, Jeans und selber Bundeswehrparka.

Der Mensch tötet unsinnig, die Katze um sich zu ernähren, vom Herrchen gelobt zu werden oder für ihre Kinder zur Sozialisation. Aber sie erzieht sie zum natürlichen Überleben, zur positiven Aggression und nicht destruktiven, die immer Grundlage jeder Krankheit oder Straftat.

Es gibt eben gesellschaftliche Krankheiten und die sind geschult aus der Grenzenlosigkeit und Infiltration der Gewalt und des Immer mehr, des nicht auch religiösen Beharrens auf dem Jetzt, des heutigen Contento.

Was mag das heißen, eben dass immer der Narzissmus den Neid hervorruft. So habe ich bei einer ersten Auswärtsfahrt dieser Saison mit den FCS-Männern aus irgendwelchen

Gründen – ich glaube, daher, dass jede Katze, wenn sie in die Enge getrieben wird, einfach ihren oder ihre Gegner anspringt - den Spitznamen „Mitzekatz" bekommen.

Ich persönlich gebe eben auch den Katzencharakter zu, im Grunde ganz lieb, verschmust, friedlich, aber wehe man tritt mir auf die Füße, dann kommt das dominante Gehirnreptil hervor, welches manche als „Molotow-Cocktail" bezeichnen.

Dann kann ich laut werden, oder die Brille ausziehen oder weiß anlaufen oder Zittern und dann wie mein Vater sagte, muss das Gegenüber Land gewinnen, er war Vermesser beruflich und privat in dem Spruch.

Auch er war auch mit Katzen groß geworden, aber vertrug den Alkohol nicht, den eine Katze nie anrühren würde. Nun hat jede Gesellschaft eine Droge, übrigens auch jeder Mensch, aber welche hat die Katze?

Dies zu reflektieren mit meinem Spitznamen und den jahrzehntelangen Erfahrungen hilft vielleicht das zu Ende Schreiben des Buches oder wieder eine neue Katze, denn es ist für mich wie bei den Frauen:

Ich kann noch so viele haben oder kennenlernen, ich werde sie nie verstehen und sie mich auch nicht, wie jede Katze mit Eigenheiten, die jeder Mensch in unserer normalisierten und globalisierten, jetzt auch digitalisierten Welt für sich in irgendeiner Form individuell in Anspruch nehmen sollte.

Die Katz hat den Kaiser angeschaut

Das war mein letzter Spruch zu einem Faschisten im Berliner S-Bahn-Waggon kurz vor dem Ostberliner Stadtteil, wo letztlich aber die LINKE mit allen Kräften die AFD bei der Bundestagswahl an die zweite Stelle degradieren konnte mit Direktmandat wie immer von Petra Pau.

In meiner Wahlkampfkutte (schwarz mit Parteiaufschrift Saar) pöbelte er mich auf dem Ostbahnhof an als Vaterlandsverräter – kleines Männchen, lispelnd mit vielleicht Anfang zwanzig – worauf ich die Brille verstauchte und ihn davor warnte, den Versuch zu wagen, mir die Jacke ausziehen zu wollen.

In der Bahn setzte er sich dann ganz nach hinten und ich neben den Eingang, worauf er bei meinem Zurückschauen in Beobachtung, auf einmal hervorpreschte und brüllte, ich solle ihn nicht anklotzen, sonst knallt es.

Da kam der alte Vaterspruch: „Die Katz hat den Kaiser angeguckt!" Das Pärchen neben mir verließ den Wagon, wobei hauptsächlich der Mann in Feigheit die strafenden Blicke der Frau ertragen musste.

Der „Reichsbürger" wirbelte nach bellende Worte von seinem Gewaltpotenzial, aber die Katzenphilosophie war mein letztes Wort, bis der Holde zwei Stationen vor mir ausstieg, noch wild schimpfend und beleidigend in meiner Nichtwiederholung, aber stetem Griff am Taschenmesser in der rechten Hosentasche.

Am besten schaut man als Mensch aus dem Fenster. Die Katze in ihrer Tierlichkeit hätte beim zweiten oder vielleicht auch ersten Angriff schon die Krallen ausgefahren mit Schrammen für das Gegenüber.

Das ist wohl Sozialisation, die wir gelernt haben oder auch in reiferem Alter zu Tage tritt, zunächst zu entspannen, bis keine andere Lösung als die Gegengewalt mehr möglich, aber dann noch hoffentlich in der Verhältnismäßigkeit der Mittel.

Jeder Mensch und sicherlich jedes Tier hat die Berechtigung das andere Lebewesen egal auf wieviel Beinen anzuschauen, während ja heute gerade den Frauen dies soziologisch abgewöhnt werden soll zum angeblichen Schutz ihrer bei stets verpassten Chancen der Kommunikation.

Heute gab im Park beim Rückwärtsgang in die Wohnung wieder ein Passant in Unbekanntheit den leisen Spruch des NichtangeschautwerdenWollens von sich, worauf ich nur zu Hausmeistergehilfen meinte, ob das auf mich gemünzt.

Die Gewaltspirale nimmt in Deutschland gerade von rechter Seite immer mehr zu, so dass wir Demokraten wie die Katzen wehrhaft in Menschlichkeit sein müssen. Aber irgendwann sind der Worte genug gewechselt und es müssen Taten folgen.

Die Katze ist nicht politisch, weil sie klassenlos lebt und die Theorie des Sozialismus oder die der kommunistischen Ideologie ist grundsätzlich im Gegensatz zu den Rechtspopulisten oder Faschisten gewaltorientiert, auf Minderheiten ausgerichtet in Hass und zum Wohle der Reichen als Bestandselite, auch finanziert und gewollt.

Durch Kampf gegen die Kapitalisierung der menschlichen Beziehungen hin zum Sozialismus im kleinen Miteinander der Waage im täglichen Miteinander können wir Menschen wieder von den Tieren lernen, sie miternähren und jeglichen auch aufgesetzten Gesellschaftsnarzissmus des Uregoismus minimieren oder im 21. Jahrhundert ablegen.

Die Katze auf dem heißen Blechdach

Dieses Kapitel einschiebend in kurzer Form bedeutet auch, dass die Katze und die Menschen, die diesem Charakter in weiblicher Form gleichen, verheerende Schäden anrichten können. Wenn ich nur an den Film mit Liz Taylor in gleichnamiger Form denke, wird ein Mann durch die weiblichen Reize förmlich zermürbt.

Die Ausstrahlung der grünen Augen der Frau hat auch James Dean in persona der Schauspielerin das Leben gekostet. Es ist also nicht alles Gold, was glänzt. Die Reize der Katze und deren Menschenähnlichen muss auch in diskreter Form betrachtet mit Abstand betrachtet werden.

So gibt man mir den Nickname „La Trampa": Ich beobachte auch die Umwelt wie eine Katze, um dann in meinen Interessen zu jagen und zu fangen. So tun es die Frauen mit der Katzenähnlichkeit mit den Männern und nichts ist mehr in den Griff zu bekommen als der Bann des Blickes.

Mag er auch noch so ehrlich sein, es geht eine Faszination davon aus, die sich schwer erwehren lässt. So gestehen diese Zeilen und die Theorie der möglichen Verblendung das eventuelle Negativum der Katze aus, denn alles hat zwei Seiten, auch bei allen beschriebenen Vorzügen der Kleinraubtiere.

Am schlimmsten ist da noch die Geschmach einer unserer höheren Funktionärinnen in der Partei, wenn man gleichzeitig die heutige Demonstration gegen Privatisierung und Ausbeutung, sprich Ausbluten der Arbeitskraft an Krankenhäusern sieht, wo sie in ihrem Kreis keine Probleme hatte, ihr Votum dafür zu geben.

Vorsicht vor den weiblichen Reizen und auch den „Krallen" der Katze, denn ehrlich ist die Gegenwehr mit Kratzen, aber das Schmusen kann auch ein Hinterhalt für den Kater und das männliche Herrchen oder Frauchen bedeuten.

Jagd und Sex

Wenn man sich als Mensch über entscheidende Dinge im Leben ärgert, die aber vielleicht nach einem Tag geruhsamem Schlaf und etwas Abwechslung am Abend in der Geselligkeit der Gleichgesinnten, mir helfend auch oft die Bewegung im Tanz, kann sich das Zurückdenken an die Katze, die letztlich auch vom Jagd- und Sexualtrieb gesteuert helfen.

Bei den männlichen Katern ist dies noch ausgeprägter, denn das Pendant als Mensch wird auch Streuner genannt, der die Jagd auf das wilde Fleisch der Artgenossinnen macht und sich wahrscheinlich einen hinter die Binde gießt oder handgreiflich wird.

Die Katze greift auch den Menschen an und führt Aggression dorthin, wo sie hingehört. Der Mensch hat gelernt, sozial zu kompensieren und seine Launen oft dort abzulassen, wo sie im Grunde nicht hingehören. Und kein Mensch gehört dem Anderen, auch wenn sie noch so lange verheiratet.

Die Katzen und Kater trennen sich wieder und letztlich ist die Jagd bei Vollversorgung durch den Menschen nur sie Überbleibsel der Natur, genau wie Manche zum Militär oder zur Polizei gehen, weil sie gerne Gewalt ausüben oder gar töten.

Der Mann jagt in dem Gehege oft der Frauen oder heute der homosexuellen Männer, was oft nach degeneriert ausufernder mit der entsprechend noch höheren Eifersucht ausartet. Die Katze wird erst dann eifersüchtig, wenn der Mensch ihr eine zweite als grundlegendes Einzelwesen vor die Nase setzt.

Wird die groß damit, ist es bei entsprechendem Charakter möglich, aber letztlich jagt die Katze auch den Menschen. Diese Theorie mag überraschend, aber wenn wir genau hinschauen, und ich habe das Lied im Vorwort gesungen in meinem Schicksal der Todestrennung von Ronia, sind wir von der Katze dependent und nicht umgekehrt.

Entziehen wir ihre die Nahrung, die Schmuseeinheiten oder grenzen kolossal ihr den Sozial-Raum ein, geht sie eben grußlos. Ich tue es manchmal auch und schlimm wird es wie bei der Katze mit Kamm, wenn ich gar nichts mehr sage, die Brille ausziehe und anfange zu zittern.

Jeder Mensch hat etwas Tierisches aus der Natur bei jeglicher auch noch so hohen Sozialisation, aber wir sollten daran denken, dass Tiere keine Gleichartigen umbringen, höchstens verhauen und ich habe mir auf die Fahnen geschrieben und musste das Verteidigen bis zum Militär- Verwaltungsgericht in dritter Instanz über die Mittagspause auch nicht zu tun und niemanden zu erschießen.

Nun haben wir auch den Selbsterhaltungstrieb behalten neben dem immanent sexuellen Wunsch auch im hohen Alter, siehe das Schmusen und die Freundschaften im Altersheim, aber nur in der Notwehr beim höchsten Grad der Todesgefahr sozial erlaubt. Wir wollen eine möglichst friedliche Welt in den Sozial-Beziehungen und das Gebot Jesu, mit der die Kirche viele Kriege führte und auch heute noch hinter vorgehaltener Hand, nicht zu töten soll immanent sein.

Da mache ich lieber selbst Kampfsport und Training mit der Möglichkeit auch zur Musik und Bewegung meine täglichen oder wöchentlichen Frustrationen herauszuschreien mit Anderen in der Gruppe der Sozialenergie, denn Niemand kann etwas sexuell, sozial, wirtschaftlich ohne ein Gegenüber, auch als Reflexion, letztlich auch in der notwendigen Disziplin der respektvollen Distanz.

Die Katzen- und Menschen-Zicken

Da finden wir eine Ähnlichkeit zwischen der Weiblichkeit der zwei Gattungen. Als Ronia sich in meinen Paul verliebte oder umgekehrt, so etwas soll es ja geben, da schnurrten sie nach Küsschen bei meiner Cousine, die mir 14 Tage Obhut gab, weil mich mein Mitbewohner und „Eigentümer" des Waldhauses erschießen wollte, in die Nacht – denn kein Mensch hat bisher den Geschlechtsakt der deutschen Katzen gesehen – nur ausdrücklich gehört.

Aber nach dem Akt der Vollendung nahm ich eben einfach in meinen heute noch bewohnten Bunker des siebten Stockes die Dame des Genusses für meinen Paul, der mir charakterlich eben in Allem glich und fixiert anhimmelte, dem ich sexuell gönnerhaft sein wollte.

Nun trat aber eines ein: Ronia verweigerte alle Versuche des Katers Paul der Wiederholung in der neuen Wohnung, wohl auch dann, wenn ich nicht da, denn ich weiß, dass es schon der Mix auch bei Hauskatzen in der Wohnung tut, wenn kein Freigang mehr.

Nun ja, Ronia putzte sich nicht mehr, immer dicker werdend und letztlich sofort, wenn ich die Wohnungstür betrat, vermöbelte Paul sie. So etwas tun manche Männer auch mit ihren Frauen, wenn sie sich verweigern, sollten aber anders regieren, denn damit wird die Abhängigkeit und Erpressbarkeit noch größer.

Ronia konnte sich wehren in ihrer Natürlichkeit, bis zu dem entscheidenden Tag, wo ich sie mächtig trennen musste, da wirklich die Widernatürlichkeit entstand, dass Paul sie zehn

Minuten so dazwischen hatte mit meiner Phantasie: Jetzt überlebt sie es nicht.

Über Paul wird noch zu reden sein, aber das Gleiche ist mir heute nach Besuch der Frankfurter Buchmesse passiert, denn meine Expartnerin, die im Vorwort erwähnt als Katzen-Rationalistin, war die Ronia, denn ich verließ den Ort der Kunst so, dass ich noch ab acht Uhr abends sie besuchen könne.

Nun hatte ich noch aus menschlicher Sozialisation noch zwei Telefonate zu führen zwischen dem Kaffee und gekauften Kuchen, da ich bei einer Ratsstätte kurz vor Mannheim einen drei Tage übernachtenden Polen, ich stamme vor vier Generationen auch dem deutsch-polnischen Gebiet der Pommerschen Seenplatte, bis Saarbrücken mit Sack und Pack mitnahm, da er nach Luxemburg-Stadt wollte, aber:

Die Dame des Geburtstags rieb sich den Bauch, Malzbier oder Kuchen oder was weiß ich, Psychosomatik der Aufblähung, wenn man mit x-Frauen in der Familie der Töchter, Enkel, Schwestern alleine den Nachmittag mit der Freundin verbringt und dann noch verbal zickend, so dass ich austrank, noch ein Pfund der teuren deutschen Kriegsbutter mitnahm und abdampfte zur Zeitung, Nachrichten und jetzt einem Kapitel vor Tanzausgang.

Finito: Wir Männer müssen uns in Frieden und Abgrenzung emanzipieren und da hatte ich beim Smoken auf der Messe ein sehr interessantes Gespräch mit einer hochintelligenten Frau, die mit Kindern 24 Jahre verheiratet, in dem grünen Stern der Hoffnung, dass immer noch der Zustand der Verliebtheit das Anzustrebend bei aller Enttäuschung, die dahinterstehen kann, das Leben ausmacht und ich hoffe, dass es meinem Paule, verlustig gemacht aus bitterem in zweifacher Form durch meine Cousine, in seinem Leben woanders oder auch wenn er tot ist ein gelebtes Katzendasein gehabt hat wie ich als männlicher rein Hetero-Mensch, der versucht sich jeden Tag zu verwirklichen, auch existenziell, aber nichts für Die Macht der Weiblichkeit in Unterdrückung der Identität, des ICH, das jedem zusteht, tun ohne immaterielle Gegenleistung bei allem Pari-Pari.

Unsere Vorfahren und die Katze

Wenn man beispielsweise den Saarbrücker Zoo besucht, so ist doch auffallend, dass die größeren Gewächse der Katze wie der Leopard die gleichen Verhaltensweisen haben des faulen Liegens in der Sonne bei leichtem Augenaufschlag der steten Feindes-Wachsamkeit.

Den Puma hat man wie immer nicht gesehen oder wenn überhaupt auftauchend sitzt er ganz abseits, als ob ihn alle Welt verraten, in der Ecke und beobachtet wie die „Trampa" – eben die menschliche Falle, wie meine Bezeichnung, um dann im richtigen Moment zuzuschlagen.

Er ist schwarz in der Regel vom Fell wie mein Blacky, meine Vaterfigur als auch Therapeut und Analytiker in dem Sinne, dass Exklusivität mit einer notwendigen Aggression ausgestrahlt wird. Meine Visitenkarten sind auch schwarz wie mein BMW. Nur nicht anpassen und verbiegen lassen wie die Black Power.

Und dann gibt es gar afrikanische, ganz stolze Katzen, was ich bisher überhaupt nicht wusste, die gar ins Wasser gehen, das den europäischen vollkommen fremd. So leben wir eben auch in einer globalisierten Tierwelt, die different in ihrem regionalen Marketing und Verhalten.

Aber der Ursprung bleibt gleich in dem Sinn, dass eindeutig der Mensch sich über die Orang Utang, schwingend in Bäumen über den Gorilla als Menschenaffen mit dem dicken Mafia-Bauch und grimmig, geschäftlich-diktatorisch schauend.

Über den Neandertaler, der noch will bestialisch die Keule schwang hin zum homo sapiens im aufrechten Gang, aber mit dem Leiden des Handelns aus dem Unterbewusstsein und letztlich rational gestaltend sein sollte, obwohl jeder weiß, dass das menschliche Handeln immer auch von Emotionen geprägt.

Oder dem reinen Gelddenken und dann ist es die Ähnlichkeit zur Katze, die aber nur konkurrieren und nicht töten aus Habsucht, denn viele Tierarten müssen in den Zoo, weil vom Menschenstreben nach Gewinn am Aussterben.

Schön finde ich eigentlich auch die Kombination des Haltens der vielen Schildkröten, ich bekam eine mit fünf Jahren, die liebe Mecky, mit kleinen Affensorten, was vielleicht bedeutet, dass wir Menschen eben aus dem Wasser mit dem alten Panzer der fast Gleichaltrigkeit gediehen sind.

Und den Schutzpanzer, den die Katzen mit den noch zu beschrieben sieben Leben hat und der Robustigkeit muss der Mensch sich wieder durch kommunikative und sozialenergetische Stabilität erarbeiten und das jeden Tag anstatt die Pharmakeule bei Armut zu schlucken.

Und da gibt es eben noch das verschlagene Lama und den Fuchs, die mit den Charaktermerkmalen des Menschen ausgestattet, die der Katze vollkommen fremd. Einfach spucken, was für jeden Fußballer am schlimmsten, siehe Holland gegen Deutschland 1990 und einfach immer im Interesse Fehlmeldungen, bis der Andere die Unwahrheit und Lüge der Herrschenden selbst glaubt – Mediziner- und Politikerkrankheit.

Nun durch Beobachtung der Tiere und eigene Charaktermerkmale kann man sich mit den Artgenossen eine Freude machen und sich selbst auch überprüfen und für Kinder ist die Tierwelt auf jeden Fall ein Muss der Lehre sich bei

Abgrenzung zu der Hoheit der Eltern Gleichgesinnte zu suchen, die ein Freund des Lebens werden können, denn auch die Tiere wie die Menschen habe gute, schlechte Zeiten. Vielleicht wird dann weniger TV gesehen, wenn man spielerisch mit den Tieren auch in der Schule für das Leben und in ihm ewig lernt.

Dini, die Oma in Sirka

Es gab einmal die Zeit, da machte ich Zivildienst und bekam aus einem Wurf – vermittelt durch eine Arbeitskollegin in der Kindertagesstätte – eine kleine Katze, die keiner wollte, was sich später herausstellte eine amerikanische Edel-Rasse.

Aber ich machte den Fehler, diese Katze, gedacht für meine Oma bei meiner selbst einziehenden Mitbewohnerin und einmal gedachten großen Liebe Sirka vorbeizubringen. Die wollte sie natürlich behalten, denn wir ja so vom Leben geprügelt des Nichtshabens.

Ich baute ihr einen Kratzbaum, der teurer als ein Gekaufter und rechnete dem menschlichen Püppchen vor, die angeblich kein Geld hatte ohne Miet- oder Essenszuschuss, dass die Katze bei dem Wahn der Impferei und Piercing… teurer als ihr Auto in der Unterhaltung.

Nun ja, die Katze hat sie mit dem Goldschmuck der Oma nach Trennung im verflixten siebten Jahr und einem Jahr Verlobung wieder mitgenommen und so leben sie vielleicht noch heute. Der erste Eindruck ist der Entscheidende und wer am Anfang schon nur nimmt und stiehlt, wird es höchstwahrscheinlich wieder und immer tun.

Mehr will ich und habe ich eigentlich auch zu der Besitzhaftigkeit nicht zu sagen.

Vermehrung in Mutterschaft

Meine Theorie bei den weiblichen Menschengestalten immer noch, dass die Frau erst dann richtig zur Frau wird, wenn sie Mutter geworden ist. Nun wollen wir gar nicht über die Homoerotik sprechen, die wie Angela Merkel auch sagte, dass trotz Betrachtung eines Adoptionsehebesuches von zwei Frauen mit acht „Kindern" die Natürlichkeit gewahrt bleiben soll.

Es entstehen Hormone bei der Frau in der Schwangerschaft und ein Gefühl zum Kind, dass eben die Natur für immer von dem des Mannes unterscheiden lässt. So ist es eben bei Katzen, dass das Herrchen oder Frauchen wenigstens vor irgendwelcher Sterilisation einmal Mutter gewesen sein sollte.

Das ist so, sonst entstehen auch bei dem Tier psychische Schäden der Natürlichkeit und derartige Psychologen sind rar und wohl noch teurer – Katzenflüsterer? Genauso wenn sie wirft als Katzenmutter sollte immer ein Junges übrigbleiben vor sogenannter menschlicher Vernichtung des Restes, denn sie kann nicht zählen, aber weiß eben, dass sie gebar.

Diese Regeln sind nachlesbar und werden auch von Menschengenerationen übertragen. Genauso auch die Erfahrungen der Menschen über Ahnensozialisation und da sind sowohl der männliche wie weibliche Teil wichtig, obwohl auch dort, eben im Gegensatz zur Katze die Erziehung viel länger dauert.

Was die Katzen nicht kennen, sind die ungewollten Kinder der Menschen. Wenn ich da meine Nichte betrachte, die nach Panne Zwillinge bekam und abtreiben wollte und im Krankenhaus die ganze Versorgung der Schwester überließ und nun die Kinder durch Oma-Wandern bei eigener Priorisierung der diffusen Lebensgestaltung, dann: Gute Nacht für die Kids!

Egal wer der Kater – und eben nur der gute Freund oder überhaupt nur Erzeuger – die Katze kümmert sich um jedes Kleines bis abgeholt durch den Menschen oder frei laufbar in der Sozialisation der Natürlichkeit zur Verrichtung der Grundbedürfnisse der Existenz.

Wenn zwei männliche Kater eine Frau großziehen, möchte ich ab diesem Oktober gar nicht dabei sein, wenn sie noch mehr eifersüchteln oder den Wildwuchs des Partnertausches implementieren. Also ich möchte auch in 20 Jahren nicht mehr nur von Homosexuellen regiert werden.

Und da bleibt die einsame Insel wie die Katze nach Geselligkeit der Fortpflanzung und ihrer natürlichen Aufgabe der Vermehrung sich wieder in die Einzelarbeit des Daseins in Korrelation zum Menschen ohne direkten natürlichen Feind – das kann der verschlagene Fuchs sein – zurückzieht.

Bis zum nächsten Mal in same procedure as every year – denn die Struktur im Leben und der Natürlichkeit gibt bei aller Flexibilisierung im Tag oder Monat eine Sicherheit im grundlegenden Konservatismus der Katze, die immer über einen bestimmten Zeitraum ihren Platz, aber den auch ganz überraschend einmal wechseln kann.

Und da sagen die Menschen beim Katzen-Geheimnis-Ich: Was geht der jetzt im Kopf herum?

Nutte und dann Polizeikatze

Ist es das selbe oder ein Unterschied. Hatte sich Ronia, als sie von Paul alleingelassen oder eben getrennt durch Freilaufenlassen meiner Cousine – bewusst wieder aus ideologischen Gründen bei meinem Kuba-Urlaub – mehr oder minder durch mein Aufpäppeln zur Nutte entwickelt.

Es verging kein Tag, wo sie sich immens - vielleicht aus Dankbarkeit Streicheleinheiten abnahm -, sie putzte sich, fraß viel aus Wohlgenuss und wenn jemand die Tür hereinkam, wurde er zur Nuttigkeit in Anspruch genommen.

Ich behauptete, da sie mir überall in der Wohnung nachtrottend schlimmer als jede Trottoirschwalbe mit Dickmachen, wie es Katzen gerne machen, dass bei aller Gegenliebe eine gewisse Lästigkeit entstand.

Nun kam aber ein Tag im Februar diesen Jahres, genau eine Woche, nachdem ich vollkommen an das Kapital und jedwede Gerechtigkeit in Deutschland durch die wiederholte Nichtzahlung meiner Dienstleistung als Personalberatung verloren hatte – Prozess folgt noch!!! Wo sie nach Begrüßen an der Haustür weglief und morgens, als ich nach Augsburg/München fuhr auch nicht wiederkam.

Nun bekam sie den Namen Polizeikatze, weil freitags nach Information der Verwaltung urplötzlich sie angeblich im Tierheim nach Finden in höheren Stöcken des Hauses, aber nach Call der Polizei zur Untersuchung der Identität – obwohl doch wirklich bekannt für mich als Herrchen – in die Tierklinik gebracht.

Nun hatte ich noch Schwierigkeiten der Terminverlagerung und Ronia kam im neuen Pappkarton mit Begrüßung meiner Person. Nun fragte ich, ob das gesamte unnötige Prozedere etwas kosten solle und man verwies lachend auf das kostenlose Sicherheitsverfahren.

Nun Ronia war geläutert und lief nicht mehr durch die Gänge bis zu ihrem Tod und hatte eben ihren neuen Spitznamen weg. Meine Abneigung bei gleichzeitiger notwendiger Annahme der Sicherung der Bevölkerung – sprich gerade Frauen und Kinder – in unserer heutigen Zeit gegen die Auswüchse der Polizeiarbeit in gewissen Fällen schaute ich mir im September in Düsseldorf noch einmal an.

Nun hat die Katze auch ihre Erfahrungen, aber der Mensch gleicht oft dem Elefanten, der auch hospitalisiert, wenn er nicht mehr die freie Wildbahn, dass er noch nach Jahren, wenn ein Zweibeiner mit dem Abriss der Quälung des Stechens in den Rüssel als empfindlichstes Teil, sich diesen Übeltäter schnappt und das war es dann.

Die Katze ist da einfach charakterlich besser als reiner Räuber. Sie geht den Konflikten grundlegend aus dem Weg und jagt etwas Neues oder sucht sich ein neues Heim, dass einfach besser. Aber es gibt einfach für manche Sachen keine Entschuldigungen.

Und da muss auch unsere menschliche Sozialisation betrachtet werden, dass wir erzogen zur Menschlichkeit und Gerechtigkeit, aber nur den Geld- und Machthunger kennenlernen, den wir dann noch frustrationstolerant ertragen sollen.

Nun sind wir Menschen höherentwickelt, können sicherlich mehr als die Katze entwickeln und produzieren, aber alle Kraft des Wirkens haben wir auch einen Stolz entwickelt, das zu rächen, was die Katze nie tut, nämlich einen Angehörigen von Dir als Gleichartiger zu töten.

Empathie

Ich setze einmal, obwohl viele Therapeuten noch einen Unterschied in der menschlichen Psyche zwischen Empathie und Mitgefühl sehen, die emotionale Zuneigung der Katze zum Menschen und umgekehrt einmal gleich.

Das hat aber zur Folge, wenn man die Evolution sieht, dass Menschen, wenn sie zu viel Empathie zeigen, ausgenutzt werden und dann zum Burn-Out oder Depression tendieren, als aber auch bei zu wenig zum reinen Beziehungskapitalisten werden.

Die Katze hat noch die natürliche Kontrolle sich eben nicht bis zum letzten aufzuopfern, sondern immanisiert sich in dem Fall wie schon beschrieben, wenn ihre Interessen, die sie gerne mit dem Menschen austauscht aber bei Nichtbefriedigung sie sich ein neues Heim sucht.

Das sollte der Mensch auch tun, um seine Trennungsangst zu überwinden, denn frei nach dem Volksmund: Besser ein Ende mit Schrecken als ein Schrecken ohne Ende. Von daher sollte der Mensch von der Katze lernen, sich manchmal freundlich oder eben grußlos ohne Streit zu verabschieden.

Das ist eben eine Form der Lebensempathie, die wir lernen können. Nicht den Anderen erniedrigen, sondern sich abgrenzen, aber dem Anderen das Recht und die Chance geben weiterzuleben und vielleicht zu reflektieren in dem Sinne, dass er sich verbessert ohne das Gesicht zu verlieren.

Die Katze nimmt nie dem Anderen das psychische Gesicht. Das tut heute der Mensch durch die vielfältigen

Seminarangebote, die nur darauf abzielen, dem Anderen irgendwie dem Willen aufzudrücken und sein Geld abzuholen.

Wenn man die Katzen am Napf trennt, fressen sie auch getrennt, bis sie satt sind, ohne Überfraß. Vielleicht nippt die oder der Hungrige noch am anderen Teller nach Verabschiedung, aber heute ist die Katzensolidarität höher als die von Menschen.

Aber der Mensch wandelt sich auch im gesellschaftlichen Geschick. Die Katze bleibt grundlegend in einem Kulturraum gleich nach ihrer Rasse. Sie unterscheidet sich nur charakterlich, der wie beim Menschen bleibt, aber sie ist nicht gesellschaftlichem Wandel der Ordnungsbedingungen unterworfen.

Außer man sieht die in den Regeln des Heimes oder Hauses, der sie untergebracht. Hier müsste man neben der Katzenpsyche, die dieses Buch anreißt aus eigener Erfahrungen auch letztlich hier den Rahmen sprengende haussoziologische Studien des Einflusses auf das Befinden der Katze machen.

Ich behaupte: Die Katze ist viel resistenter als der Mensch, was den sozialtherapeutischen Kontext anbelangt. Nun in der Empathie zeigt die Katze eben wie es die Frau auch sollte die Mütterlichkeit stärker und die Katze ist sicherlich durch das Gebären und die Heranzucht der Kinder oft intelligenter als der Kater, der nur das Jagen voll draufhat, was die Katze, auch gerade für die Jungen, um sie zum Jagen anzulernen, ebenfalls, aber nicht als erste Priorität auch kann.

Die Lebensintelligenz ist bei der Katze durch die Nähe zur Natürlichkeit sowieso ausgeprägter, denn in der Tierwelt gibt es keine Morde oder Selbstmorde. Heute ist jeder dritte

Deutsche psychisch angeschlagen und im Jahr 2030, wenn es so weiter geht mit der sogenannten Vollbeschäftigung, die aber nur Tafel oder Lebensmittelkarten oder den Napf wie für die Katze bedeutet eben für die arme Hälfte.

So lasst uns die Spaltung der Menschengesellschaft in Verhaltensforschung der Tiere und der grundlegenden Unabhängigkeit der Katze in ihrem Selbstgängertum wieder hin zum selbstbestimmten Menschen mit Arbeit, von der leben kann und dann auch Zeit und Muße mit Resonanz zu Mitgefühl oder Empathie hat, aufhalten zur breiten Klassenzwiebel der Mittelschicht, wo nur wenige ganz stark und reich und nur wenige ganz schwach und arm und sterben müssen, wenn zu schwach und wie bei der Katze vom menschlichen Auto überfahren.

Ehrlichkeit

Wenn man sich mit den alten 68ern unterhält, dann ist immer der Typus der Schlussfolgerung, dass es sich letztlich bei allen Handlungen um „Ehrlichkeit" und „Menschlichkeit" handeln soll. Die Katze ist grundlegend vollkommen ehrlich in ihren Handlungen und somit dem Menschen immateriell überlegen.

Ist sie somit menschlicher als der Mensch, dem als Humanitas-Wesen diese Attribute eigentlich zugesprochen sein sollten? Man kann jetzt eine philosophische Diskussion darüber beginnen, welche Merkmale dazu gehören, ehrlich und menschlich zu sein.

Aber wenn die Katze reagiert und beispielsweise auf ein anderes Lebewesen positiv oder negativ zugeht, dann ist das auch so gemeint. Beim Menschen kann man nicht immer davon ausgehen, denn er kann eben das Fuchsische – der Feind der Katze in der Wildnis – im Charakter haben, dass er freundlich eben die Lüge und Hinterlist zu eigenen Interessen im Auge hat.

Auch die Katze auf der Jagd zeigt eindeutige Körpersprache, die deren Feinde wie Vögel oder Mäuse wissen lässt, jetzt ist es Zeit. Der Mensch weiß nie bei ausgebildeten Aggressoren, ob mit Waffe oder heute ausgebufften psychologischen Tricks, was letztlich Ziel und hauptsächlich in welcher Interessen das Gegenüber handelt.

Der Mensch ist ein Gewohnheits- und Rudeltier. Die Gewohnheiten im Konservatismus hat die Katze, aber ein Rudel wie bei Hunden kennt die Katze keinesfalls. Damit gehorcht sie niemandem in der Tierwelt als sich selbst in Konglomerat zur Umwelt und Natur.

Beim Menschen und den ihnen ähnlichen Wölfen des Reißens und Tötens hinsichtlich endschließlicher Macht- und Geldinteressen ist immer der Griff zur Obrigkeit der entscheidende Zweck, dann auch Abgabe des Profites oder entsprechenden Mehrwertes.

Die Katze behält ihre Beute materiell zu 100% in ihrem Bestandsbesitz und sozialisiert sie nur dann zum Eigengebrauch: für das Herrchen als Trophäe oder für ihre Kinder in der Sozialisation. Das ist ehrlich und berechenbar. Der Mensch kann sich charakterlich bis hin zum Schakal entwickeln, der nur noch zum Eigenzweck für verschiedene Auftraggeber handelt als beispielsweise mehrfachbezahlter Mörder.

Der Mensch hat mehr Intelligenz als die Katze und die Präposition dies zum Unmenschlichen der eigentlichen Spezies des Sozialen zum Negativnutzen der Gesellschaft zu nutzen. Er handelt unehrlich zum Zwecke irgendeiner Obrigkeit in Eigeninteresse.

Die Katze ist frei von Schuld und macht wenige Fehler, eigentlich nur dann, wenn sie gehetzt oder gequält wird. Wen sie eigentlich Alles Liebe für das Herrchen tut, so ist doch gerade der Homo Sapiens, den es immer noch nicht gibt, oft der wahre Feind, denn nicht jeder ist katzenfreund, sondern unterwirft sich der Schleimigkeit des Rudeltieres.

So sollte immer in der Verhaltensforschung die Ehrlichkeit der Katze in ihrem Miau und Handeln Vorbild für ein menschliches Handeln sein, dass unter den gegeben sozialen Bedingungen die Weiterentwicklung der menschlichen Gesellschaft in friedlichem und einem Höher dessen Surplus ohne direkte materielle Hintergedanken setzen soll.

Das Nachtragen

Ist etwas typisch Menschliches. Ich will nicht behaupten, dass die Katze vergesslich ist, aber sie sieht jeden Tag neu in ihrer Struktur. Demgegenüber ist der Mensch gerade heute fixiert auf das was ihm angeblich Schlechtes geschieht oder widerfahren ist.

Auch in dieser Sphäre ist eben die Katze der bessere Mensch in der ominösen Definition des homo sapiens oder sociales, der immer im friedlichen Einklang mit der Umwelt stehen sollte. Ein Ausgleich der Interessen untersteht dem Manifest der Diplomatie.

Die Katze hat sie von Natur aus, auch wenn sie fordernd ist in ihren animalischen Bedürfnissen des Essen und Trinken und der Emotionalität in Streicheleinheiten. Auch der Mensch braucht im Grunde nur sein Grundnahrungsmittel plus Kleidung – die Katze hat ihr Fell – und Liebe.

Das wird heute viel zu viel unterschätzt. Entweder bekomme ich meine Zuneigung aus der Familie oder direkten Bekanntschaft oder ich muss mit Sozialenergie aus den Sekundärgruppen auffrischen. Die Katze hat den Menschen oder spielt in freier Wildbahn mit ihren Artgenossen.

Sie verfolgt aber ihre eigenen Interessen, die nicht darauf abgezielt die andere Katze zu eigenen Zwecken zu benutzen. Sie will nicht wehtun wie der Mensch aus eigener Unzufriedenheit, sondern für ihre Bedürfnisse leben.

So stilisiert sich Jeder, der nur destruktiv in dem Anderen einen Feind sieht sich selbst ins Abseits. Im Gegensatz zum Menschen kennt sie Katze keine destruktive Aggression. Sie ist positiv ausgerichtet und kann somit in ihren Grundfesten wieder Vorbild für die Struktur einer humanen Gesellschaft sein.

Wer selbst einen Buckel von Problemen hat und den nicht positiv für sich erledigt, sondern dem Anderen seine Last auftragen will in Gemeinheit der Sozialität handelt unmenschlich und höchst dissozial, was die Katze nicht kennt.

Sie kann nur dann nachtragend sein und das nur situativ – wenn sie selbst Negatives durch von Jemandem erfuhr. Das Beispiel Ronia zeigt dies, als mein Paul das erste Mal auf Wanderwegen für sechs Wochen und abgemagert wieder bei mir landete.

Dreimal rächte sich kurz Ronia mit Attacken, was Paul in Schwäche noch blockte, bis bei Gewichtszunahme der grundlegende Einklang wiederhergestellt. Wir Spezies stammen aus dem Tierreich und somit haben wir die Aggression in uns.

Aber die positive Aggression stilisieren heute die Tiere mehr als es durch die neoliberale, sozialdarwinistische Gesellschaftsrichtung pamphletiert. Das morgendliche Aufstehen bestimmt sich in dem Dialog Mensch-Katze in einem gemeinsamen Frühstück und war bei mir immer mit dem gemeinsamen Abendessen gestaltet.

Grundlegend keine Leckerlies und Süß für mich, um eine natürliche Ernährung zu gewährleisten. Somit gewinnt beiderseits eine Freundschaft – Partnerschaft kann man nicht sagen wegen der spezifischen Kommunikation – die in Riten und Zuneigung ohne Hintergedanken des Nachtragens geerdet.

Wer nur als Mensch gegen Andere zusammenlastet, um den Mitbürger sozusagen zu vernichten unterscheidet sich vollkommen von der besseren Katzenphilosophie der Direktreaktion in der beschriebenen ehrlichen Art.

Ausnahme ist für Tier und Mensch, wenn Angehörige vernichtet oder man selbst vernichtet werden soll, denn beide Arten sind auch wie Staatsgebilde in grundlegender Form wehrhaftig, denn uns steht letztlich im Ursprung das Existenzbedürfnis im Vordergrund.

Die sieben Leben in der Selbsterhaltung

Wie man davon ausgeht, dass ein Katzenjahr sieben Menschenjahre sind und somit eigentlich die Katzen ungefähr gleichalt wie die Menschen werden, so unterscheidet das Katzenleben deutlich das von den Menschen.

Da grundsätzlich für die Katzen das Leben insbesondere mit den Menschen gefährlicher verfügen sie über sieben Leben oder sechs übergangene Tode, wie der Mensch im Singsang über sieben Brücken gehen muss, um von der ersten Chance zur zweiten zu gelangen.

Wie es philosophisch gemeint scheint, ist die Katze grundsätzlich viel zäher und resistenter als der Mensch. Das Beispiel Ronia zeigte es, dass sie lange mit ihrer Niereninsuffizienz lebte, bevor es ausbrach und noch eine Woche wie ein Wunder überlebte und vielleicht noch länger, wenn nicht befreit von den Qualen.

Der Mensch zeigt diese Charaktermerkmale sehr selten, sondern tituliert sich zunehmend in seiner Jämmerlichkeit. Klagen und Schuld auf Andere schieben, das ist heute oft sein Lebensmotto, so dass die Katze darin vielleicht nicht der bessere Mensch, aber mit deutlichen Überlebensvorteilen.

Der Mensch ist viel länger von den Eltern oder der Mutter abhängig, als die Katze, die früh gebürtig ihren eigenen Weg geht und Selbstheilungskräfte in sich birgt, die nicht mit den medizinischen Hilfsmaßnahmen der Menschen vergleichbar.

Was wäre unsere Spezies ohne den Arzt? Meine Großmutter hatte zwanzig Jahre noch nicht einmal einen Hausarzt nennen können. Sie hatte ihre Hausmittel, die effizienter als jede Pille, die sie ablehnte bis ins höchste Alter.

Erst als der Krebs wucherte, verstarb sie auf eigen Wunsch. Nein: Die Katze wird auch oft heute unter medizinischen Gesichtspunkten zum Geldesel für die Pharma- und Ärztewelt. Der Mensch schon mit der Geburt im Krankenhaus und die Gesundheitskarte, die alle Krankheiten sucht.

Wenn ich da höre, dass in einem Dreivierteljahr in einem speziellen Krankenhaus 52 Beinamputationen durchgeführt wurden unter der Prämisse, dass die offenen und gesprächigeren relevanten Ärzte zugeben, dass im Krankenahaus nur noch durch Operationen profitabel gearbeitet und gewirtschaftet werden kann, hat dies mit menschlich notwendigen Maßnahmen und dem Eid der Berufung nichts mehr zu tun.

Die Katze geht nur die Wege, die notwendig und hat dadurch mehr Kraft und Lebensintelligenz die Klippen der Wildnis und der Gefahren zu umkurven und letztlich mehrmals neugeboren zu werden.

Das habe ich im Urin und kommen gesehen, sagen viele Erfahrene. Die Katze hat ihren Instinkt, die sie weiterrappen lässt. Die Zahl sieben steht auch in der Bibel, wenn auch viele Theisten glauben, Gott habe uns erschaffen.

Aber wir sind ein Element der Evolution und Jesus Christus hat auch gewusst, dass in unserem langen durchschnittlichen Leben die sieben mageren und fetten Jahre bestehen und somit wir auch über sieben Leben im eigentlichen Sinne der Phasen verfügen.

Die Katze kämpft in Krisen natürlich um Weiterzuleben. Wir brauchen heute oder glauben es den Rat oder die Therapie der Psychospezialisten. Mein Vater sagte immer, ich ziehe mich am eigenen Schopf aus dem Sumpf.

Mein Opa sagte, wer wäscht die Füchse und Hasen in der Natur. Die Katze putzt sich ständig selbst und heilt ihre Wunden durch Bisse oder Kämpfe selbst. Auch wir Menschen müssen wieder mehr zur Selbstheilung der Natur in Rückbesinnung auf unseren Verstand und Problemlösungsmöglichkeiten durch Analyse zurückkehren.

Der Mensch kann sich durch die Kommunikation Ratschläge und Sichtweisen anderer einholen, aber entscheiden und den Weg muss er letztlich selbst gehen. Die Katze reagiert natürlich durch ihren Instinkt, auch der Mensch sollte wieder auf sein Inneres hören, um die Lebensklippen zu umschiffen.

Nichterziehbarkeit

Katzen sind von ihrem Charakter wie manche Menschen und da kam einmal das selbe Lob von meinem Onkel zu mir, aus Edelstahl. Es ist unmöglich sie zu verbiegen. Man kann sie drücken und ausschimpfen, sie schauen einem lange an und machen immer wieder dasselbe.

Sicherlich wissen sie bei häufiger Unterweisung, dass sie nicht auf den Tisch dürfen, aber alleine: Was tun sie? Sie haben in ihrer Wohnung ihre Stammplätzchen und wenn sie sich ihre Schmuseeinheiten abholen wollen, hält sie im Schnurren niemand mehr.

Und da haben sie einen äußerst manipulativen Charakter. Sie nehmen sich was sie brauchen, wenn sie es sich in den Kopf gesetzt haben. Sie leben von einer ausgeprägten Sturheit. Es ist der Wille zum Erfolg, der sie ausmacht.

Genau, wenn ich einmal zum FCS-Heimspiel der Männer gehe und sage, Stehplatz Mitglied, Fanblock: Ich bekomme immer zu hören: Ein Mann, der weiß, was er will. Kurz und knapp, so sind bestimmte Menschen und so charakterisieren sich auch die Katzen.

Und von daher ist ein Mensch mit Katzencharakter für die Umwelt oft als schwierig bezeichnet, aus dem einfachen Grund, weil wenig manipulativ, sondern eigen in seinen Vorstellungen und gradlinig in dem Sinne, dass er wie ein Geschäftsführer lieber seinen eigenen Weg geht.

„Go your own way", bekommen Geschäftsführer einer amerikanischen Subsidiary vom Headquarter in USA gesagt, wenn sie erfolgreich sind, aber wehe sie sind es im nächsten

Jahr nicht mehr. Beim Mensch zählt nur der ständige Erfolg, der immer und immer wieder bestätigt werden muss in Zahlen.

Die Katze hat grundlegend eine bestimmte Gleichmäßigkeit in sich. Der Mensch muss ständig Rechenschaft über seine Handlungen ablegen, das ist zermürbend, wenn einer den Katzencharakter hat. Da bleibt eigentlich nur die Selbständigkeit und die ist heute schwer und oft prekär.

Lieber mache ich eine Rostwurstbude auf, bevor ich noch einmal fest in ein Unternehmen gehe, sagte einmal mein Vertriebstrainer. Es sind 10% der deutschen Bevölkerung, die nicht alles mit sich machen lassen und lieber die Eigenheit im Leben suchen.

Betrachtet man aber den heutigen multikulturellen Neuzugang, so sieht man viel häufiger, dass wie früher die Gastarbeiter als Italiener, Türken oder jetzt Araber sich selbständig in ihren Kontakten der Lebensgruppe und auch für deutsche Kunden selbständig machen.

Die Dummheit des unüberlegten Nachlaufens und Befehl in Gehorsam ist eine typisch deutsche militärische Charaktereigenschaft. Sie steht dem des Hundes nahe, aber nicht der Katze. Von daher sind sie Führertypen, die Menschen oft in unserem Kulturkreis Mitläufer.

Der Kapitalismus ist ein Verbrechen und produziert Verbrecher unter Legalisierung dieser Ordnungsbedingung. Die Katzenordnung ist einer der Freiheit und Autonomie. So ist für einen Sozialisten die Katzengesellschaft Vorbild.

Wenn wir auch nur etwa 10% der Bevölkerung haben, die sozialistisch oder freiheitlich alternativ wählen und denken, so sind das die gut erzogen sind und sich nicht vom Kapital umerziehen lassen, auch nicht in Lagern, die heute weiter in bestimmten unter anderen Namen bestehen. Der eigenständige bessere Mensch wäre daher eine Katze mit Schnurrbarthaaren der Abgrenzung.

Paul der Single

Es kann das Buch nicht geben ohne ein Kapitel über Paul, der eben in naher Zukunft der Kater, der mich vom Charakteristikum am meisten begleitete und über den ich auch Doctora Meisner kennenlernte.

Er war aus dem Hort einer literarischen oder künstlerischen Bekannten und verstand sich nicht mit den anderen drei Katzen, die eben auch braun-weiß gescheckt. Ich hatte sofort einen guten Draht zu ihm.

Nun wurde er mir als Katze mit Namen ohne Erwähnung aus dem Russischen oder Ungarischen verkauft, was ich aber schon am ersten Abend revidierte, als ich ihn mir einmal richtig von hinten betrachtete.

Sofort nach zwei Stunden Eingewöhnen und schnuppern in der Wohnung und Besuch des Katzenkästchens kam er mir zu mir auf die Couch und schmuste mit mir. Wir hatten die Freundschaft begonnen, die durch Wände ging bis eben mein liebe Familie der kubanische Neid packte.

Wir hatten vier Jahre Freude miteinander, erst war er Haustier mit allem Schmusen im Bett und seinen Eigenheiten und eben totaler Fixierung auf mich als Katzen Papa, der ihn rettete und Freund auch aller, die damals in dem Appartementhaus ihn bei mir begrüßen durften.

Nach einem Jahr wechselte der Vermieter, der wohlgesonnener als die alte Hexe der Verwaltung und er bekam den Freigang mit allen Impfungen. Es war Winter mit Schnee und er traute sich auf seinem Brettchen nur vorsichtig heraus.

Das ist eben auch die Charaktereigenschaft, die ich mir in zunehmenden Lebensjahren vorsichtiger oder reifer zu werden. Aber dann war er mit zwei anderen Katern in der Nachbarschaft sofort auch nur mit vier Kilo, drahtig und noch großem Katerkopf bei später Sterilisation der Platzhirsch.

Die Mäuse, die er brachte konnte ich nicht mehr zählen, ob mit oder ohne Kopf und ab und zu auch ein Vögelchen. Oft kam er nach seiner Tour des Nachts zurück und fraß drei Näpfe Futter, um entweder wieder sofort loszuziehen oder sich zu putzen und den Schlaf des Löwen zu genießen.

Aber da wurde doch die Fassade des Hauses neu gestrichen und urplötzlich würde mein Kater alles mit seinen Tatzen verdrecken laut Hexe der Institution, wobei sie mir den Katzensteg abbaute. Aber so schnell sah mich noch keiner in den Garten flitzen, um sie richtig verbal in den Senkel zu stellen.

Der Vermieter baute mir ein Blech zum Schutz meines Sims und die Sache war wieder erledigt. Während der Woche des Überganges ohne Ausgang war das erste Mal bei einer meiner Katzen zu beobachten die Charakterähnlichkeit zu mir, wenn die Freiheit beschnitten, dass Paul richtig depressiv trauerte und keinen Muckser mehr miaute.

Bei Wiederfreigang belohnte er mich als Dankeschön mit mindestens zehn lebenden Mäusen, die er mir zum Spielen brachte ohne eben den Verstand, dass ich weniger mit ihnen anfangen konnte als mir eine Mausefalle zu kaufen in Jagd auch mit Wasserpumpenzange, um neben dem Geziepter auch nicht im Mäusedreck zu ersticken.

Nun bei ganz starker Empathie zwischen Mensch und Katze entstehen auch bei den Katzen auf einmal die menschlichen Züge immanent und vielleicht auch die ähnlichen Erkrankungen der Seele, denn die Katze leidet mit.

Genauso als ich mir den kleinen Bruder der Salmonellen zuzog und eine Woche mehrmals täglich die Toilette besuchen musste. Paul war bei jedem Gang daneben und leistete mir mehr als je ein Arzt oder Partner es könnte Hilfestellung.

Da hat der Kater auf einmal auch Hundepsyche, denn die tun das auch für ihr Herrchen und manchmal sagt man ja auch, wenn jemand einen Pudel über zehn Jahre besitzt, dass eben beide sich in der Grimasse angleichen.

Nun wir überlebten beide auch die drei Monate im saarländischen Waldhaus, bis der Besitzer oder doch nicht, der sich als ausgeborener Faschist kristallisierte, meinen Paul dressieren wollte und der ihm dann jeden Tag einen Haufen ins Wohnzimmer legte.

Unter Androhung kein Futter mehr zu bekommen und letztlich meiner Reserviertheit schuldend, dass er einen Tag vor seinem 50ten in trunkener Auseinandersetzung nicht den Fressnapf von Paul ins Gesicht schlidderte und ich dann am Abend meinen Paul einpackte mit den notwendigsten Klamotten und das Weite suchte, haben wir beide das Meiste in der Neuzeit erlebt.

Ronia kam dann in den siebten Stock mit, aber mit meiner Lehre wie für mich, dass ich mit einer Katze alleine leben muss, denn Paul setzte mir in Dreisamkeit auch jeden Tag einen Haufen in die Badewanne.

So habe ich den Katzencharakter. Viele Katzen spüren das und haben sofort auch bei meinem Verwöhnen wie bei meinen Lebenspartnern ein sicheres und gutes Heim bei mir und ähneln sich meiner Gewohnheit der Liebe im Haus an.

Aber wehe, wenn es vor der Tür der Gefahren des Lebens geht, dann haben wir beide die Instinkte der Natur des Jagens und Überlebens, um uns und das Haus mit all seiner Existentialität zu schützen. Auf ein Neues beidseitiges Katerleben!

Dortig

Ich weiß nicht, ob es ein rein saarländischer Ausdruck ist, aber es bedeutet einfach bei Katzenbeobachtung, dass sowohl die Katze – in stärkerem Maße – oder der Kater einfach Phasen am Tag oder Monat, wo sie dortig.

Dies bedeutet, dass sie sexuelle Gefühle hat, die befriedigt werden sollen. Nun ist ja nicht immer der direkte Katzen-Ansprechpartner da, so dass sie in der Regel dies beim Herrchen oder Frauchen auslässt. Es ist mehr als das Schmusen, sondern sie frivolt.

Wie der Mensch braucht sie Nähe, die ihr das gibt, was ihre Natürlichkeit ihr vorgibt. Übrigens wie auch der Mensch, aber der hat gelernt durch die Sozialisation diese Offenheit zu unterdrücken. Hier muss aber auch ein relevanter Unterschied zwischen Mann und Frau gemacht werden.

Die Frau hat dieselben Lustgefühle, vielleicht noch mehr als der Mann, aber darf sie offiziell nicht zeigen, so bleibt sie heute oft versteckt im Zublicken oder um Feuer fragen. Der Mann ist offener, aber ebenfalls in der Gegenwart durch die Diskussion um sexuelle Gewalt eingegrenzt.

Die Katze ist da wieder der bessere Mensch, denn sie ist offen und zeigt ihr Bedürfnis und tut es nicht hinter sogenannter vorgehaltener Hand. Ihr Werben um das Bedürfnis beruht dann auch nicht auf der reinen Sexualität, die sie eh nicht mit dem Menschen durchführt, sondern auf der Liebe, die sie braucht.

Es ist somit nicht der oft bei Menschen aggressive sexuelle Akt, sondern ein soziales Mehr, das sie fordert, indem sie gibt und bekommt. Wird die zu stark abgewiesen, weil der Mensch es nicht kann in seiner Demotionalität oder keine Zeit, probiert sie es von Neuem, bis zum Aufgeben oder Zugabe des Menschen.

Das heißt die Katze ist heute auch viel akquisestärker als der Mensch, dem dies zunehmend abgewöhnt wird. Es heißt: nicht mehr anrufen, dann ist man geschäftlich wie privat Bittsteller. Die reine E-Mail wird hochgeholten mit dem Frust der oftigen Nichtbeantwortung in der Informationsflut.

Ein Hoch der Katzenkommunikation der Dortigkeit, wo wahre Gefühle gezeigt werden, denn sie hat auch als Kater und rein sozialistischer Freund der Familie den eindeutigen Vorteil nur letztlich sich Rechenschaft ablegen zu müssen und nicht irgendeiner Gruppe.

Die freie Handlung kann zum Schluss auch die sexuelle Befreiung sein, die der Mensch für sich im Grunde fordert und auch bei Ausleben in kultiviertem Masse die gesellschaftliche Revolution beinhalten würde.

Aber es ist nicht eine Bewegung zur Masse des Gleichgerichteten, sondern ein besseres Zusammenleben von Tier und Mensch in seiner Natürlichkeit und Identität unter Beibehaltung der Selbstbestimmung und Eigenheit, die im Grunde das Einzelwesen bedeutet.

Der Mensch ist wie jedes Lebewesen auch auf die Umwelt oder Natur angewiesen, aber freie Entscheidungen kann er nur treffen, wenn er sich autarkisiert. Vorbild Katze in Dortigkeit und Aggression bei Angriffen.

Die Rücken-zur-Wand-Aggression

Wie schon angedeutet wird die Katze nur dann aggressiv, wenn sie sich in die Enge gedrängt fühlt. Der Mensch lernt heute mit Ungerechtigkeiten und Angriffen zurecht zu kommen, indem ihm die Frustrationstoleranz eingeimpft wird.

Die Katze hat auch meinen Charakter oder ich den ihren des Filous. Das bedeutet, dass immer versucht wird nicht von hinten an der Wand erdrückt zu werden, sondern von vorne die Umwelt und somit auch Gegner zu sehen.

Erst dann, wenn gar kein Ausweg mehr gesehen werden kann, erfolgt der Angriff, dass die Katze zubeißt oder kratzt. Im Grunde ist die Katze wie in meinem Charakter liebenswert und handzahm, aber wehe sie wird in die Enge getrieben oder man tritt mir als Mensch auf die Füße.

Von daher sind Menschen, die die Titulierung Filou erhalten im übertragenen Sinne keine Spitzbuben, sondern ehrliche Menschen, die noch den natürlichen Überlebenstrieb und Freiheitsgedanken in Ehrlichkeit haben.

Das sich Wehren, wenn die eigenen Interessen und Territorium angegriffen werden, ist ein guter Charakterzug und letztlich auch Inhalt unserer wehrhaften Demokratie. So sollte auch nicht der bestraft werden als Nestbeschmutzer, der eine Straftat aufdeckt, sondern der Täter.

Dies ist oft in unserer heutigen Gesellschaft nicht mehr gegeben, sondern an der Ordnung und Obrigkeit soll keinesfalls gerüttelt werden. Die Katze hat keine Obrigkeit, sie ist selbstständig und hat auch nicht das Frauchen als Herren.

Jede Form der Herrschaft und gerade dann, wenn sie die Menschen auspressen und heute arbeiten lassen mit der steten Armut, sondern Formen, die Aggressionen hervorrufen und zugleich legale und strategische Unruhe im Volk herausfordern.

Wenn der Mensch wegen seinen Grundrechten in Privat und Arbeit auf die Straße geht, ist das genauso, wie die Katze auf einen Aggressor springt, um ihr Leben und Gesundheit zu sichern. Nichts dümmerer gibt es als das psychologische Erziehen zur Unterwerfung.

So kann auch hier wieder die Katze in ihren natürlichen Reaktionen der Zuneigung und des Wehrens nur Vorbild einer menschlichen Gesellschaft und des Individuums sein. Alles was infiltriert zur Deckung der Herrschaft sollte dem Menschen wieder fremd werden und hin zum Katzencharakter.

Entscheidender Punkt der Ehrlichkeit der Katze ist auch, dass sie nie eigenes Leid auf die angeblich Fremden, die es verursacht hätten projiziert wie wir heute in Deutschland den Fremdenhass wie im Nazi-Reich als Ablenkung sehen, sondern Aggression gehört immer in den Aggressor und der ist derjenige, der einschränkt.

Somit lasst uns die Wände und Umklammerungen einreißen zum Ziel der Friedlichkeit, dass kein Tier oder Mensch zur Flucht nach vorne gedrängt, aber lasst auch allen das Recht sich zu wehren, solange diese Wände und Mauern bestehen.

Die Katze in der Notlage

Hier ist der Vergleich angebracht in der Sphäre, wie sich eben der Mensch in der Notlage verhält und die Katze. Ohne das Obere zu wiederholen, hat der Mensch heute die Form gelernt in Häufigkeit sich Rat und Tat bei Anderen einzuholen.

Kommt er da nicht weiter schleppt es ihn gar zum Therapeuten, der gerne seinen Krankenschein nimmt und dann häufig sofort mit der Chemiekeule angetanzt kommt. Die Katze kann sich eben nicht in Kommunikation über ihre Probleme austauschen, sondern nur erkennbar in dem Miauen, den Augen und der Körpersprache, ob sie sich nicht mehr wohlfühlt.

Somit versteckt sich nicht hinter Worten, sondern drückt ihr Äußeres in der Natürlichkeit aus. Sie überlegt nicht, ob es irgendwie jetzt angebracht, sondern reagiert spontan in dem Sinne der sofortigen Hilfe, die dem Menschen in Kalkulation steht.

Das ist der Unterschied, der relevant: Der Mensch ist berechnend, das Tier nicht. Auf der einen Seite hat er natürlich die Aufgabe, sich um sein Haustier zu kümmern und somit besteht eine Abhängigkeit der Katze, andererseits hat die Katze so viel Stärke in sich, sofort zu reagieren und von Tür zu Tür zu wandern.

Sie trauert, wenn sie krank ist. Sie leckt aber ihre Wunden des Kampfes selbst. Die in der Wirtschaft von Liberalen akklamierten Selbstheilungskräfte sind eindeutig bei ihr stärker ausgeprägt und bestimmen ihre grundlegende Unabhängigkeit.

Jammern wie beim Menschen gibt es bei ihr eigentlich nur dann, wenn wirkliche Gefahr für das Leben besteht. Eine

Wehleidigkeit, die gerade Männern unterstellt wird, schon beim Schnupfen den toten Mann zu spielen, kennt sie gar nicht.

Auch hier kann unter stärkerer Härte und Robustheit die Katze Vorbild sein. Sie ist menschensozialfähig, aber im Grunde nicht darauf angewiesen. Der Mensch hat in seiner Psyche viel mehr Abhängigkeiten, die er bewältigen muss.

Die Katze ist auf eine Notlage automatisch durch ihre Nähe zur Natürlichkeit vorbereitet. Der Mensch lernt es durch die Eltern, entweder mehr zur Selbständigkeit oder dem direkten Lauf zum Arzt.

Da ist eben entscheidend der Unterschied, dass die Katze früh von der Mutter getrennt, der Mensch jedoch häufig sich nie von der trennen kann. Abhängigkeiten, die das Leben negativ beeinflussen und Hilflosigkeit hervorrufen, sind sehr stark von dem Verhältnis zur Mutter geprägt.

Somit ist eine Reaktion in der Notlage, in die jede Katze oder Mensch kommt, determiniert durch das gelernte Schema der Reaktion des Hilfesuchens. Es hängt aber dann auch davon ab, wie die menschliche Umwelt reagiert.

Die Katze merkt sich genau, wer ihr in der Notlage geholfen hat. Sie sanktioniert es positiv. Der Mensch sagt zum Großteil noch nicht einmal Danke bei fehlender zunehmender gesellschaftlicher Solidarität.

So ist die Katzengesellschaft der bessere Mensch, der für Alles bezahlen muss und sich im Freundeskreis kostenlos ohne Return nimmt und wenn die Krankenkasse nicht bezahlen würde bis aufs Messer vor Gericht auch den freiberuflichen Berater oder Coach nicht entlohnen will.

Ich glaube, diese Erfahrungen deuten auf kein gutes Licht der bestehenden Verhältnisse, so dass die evolutionäre Rückentwicklung wieder in den Vordergrund gestellt werden muss in dem Zurück zur Natur als letztlich sozialen Fortschritt.

Die Bindung an Haus und Hof

Ursprünglich hatten die Katzen natürlich in der Agrargesellschaft, die auch noch mein Uropa pflegte, den natürlichen Sinn auf dem Hof Mäuse zu fangen. Das war natürlich für sie wie für den Sportler die Berufung und ein Leichtes.

Sie wurde dann aber auch oft abgeschafft, wenn sie aus Altersgründen dies nicht mehr so packte und nur noch als unnötiger Fresser angesehen. So hat sich eigentlich erst im 20. Jahrhundert mit der Domizierung der Hauskatze das wahre Mensch-Katzen-Verhältnis aufgebaut, das auch im Kindersatz für Viele in unserer neu entwickelnden Gesellschaft beruht.

Aber im Ursprung bleibt die Katze in ihrem Element eine Hausbindung, die auch erklärt, dass es Schicksale gab, dass beispielsweise die Katze mit in den Urlaub nach Spanien genommen wurde und dann verlustig, aber nichts destotrotz sie die 2.000 km mit blutigen Pfoten zurückmarschierte.

Das zeigt aber auch die Zähigkeit ihrer Gattung mit festem Willen das zu erreichen, was die Katze sich in den Kopf gesetzt hat und in ihrer Natürlichkeit beruht. Auch der Gegensatz zum Hund, der im Grunde genommen feige wie zu über 90% der Mensch, dem er dient.

Die ursprüngliche Nützlichkeit der Katze in der Bauerngesellschaft hin zum mehr Schmusetier mit der Note Hausgebundenheit meint aber auch die Flexibilität, die dieses intelligente Wesen ihrer Evolution hervorbringen kann.

Sie passt sich nicht nur den Naturgegebenheiten an, sondern auch den Veränderungen in der menschlichen Gesellschaft, am

Ende natürlich auch, um ihre Existenz zu sichern. Ein Beispiel ist auch, dass als der Fernseher noch neu für die Katze sie immer hinter die Röhre schaute, wer da spielt vor dem Flimmer.

Heute interessiert es sie nicht mehr, weil sie sich daran gewöhnt hat über Katzengenerationen und nicht mehr foppbar. War sie gar nicht haben kann sind zu laute Geräusche der Musik, was auch auf ihre innere Ausgeglichenheit und Empathie hindeutet.

Auch in dem Fall, dass es eben im Grunde um ein vielleicht konservatives, aber mit Regeln und einer ruhigen Grundtendenz der Heimigkeit handelt sollte, kann der Mensch sich ein Vorbild nehmen.

Sicherlich bekommt die Katze auch einmal den Rappel und spielt fünf Minuten mit allem in der Wohnung und ihrem Schwanz, aber dann ist wieder Ruhe. Hilfsmittel wie irgendwelche Drogen – der Hund säuft ja gerne Bier wie die Herrchen – braucht die Katze nicht, da sie identisch, aber auch eben anpassbar an die Umwelt in Beibehaltung ihres spezifischen Charakters.

Und da haben wir auch wieder das Exempel des Vorbildes für den Menschen in dem Sinne, dass man nicht wie ein Chamäleon auf jedes Gegenüber sich verbiegen soll – wie es viele Vertriebler tun und oft noch müssen – sondern bei nur Notwendigkeit an die äußeren Umstände identisch bleiben soll.

So steht wie für die Katze das Haus, die Wohnung oder früher der Hof, heute notwendigerweise für den Menschen sein irgendwie gestaltetes Refugium als Fluchtnotwendigkeit im

Vordergrund. Nach Hause kommen, Tür zu und grundlegend Probleme weg oder dort strategisch eine Lösung finden.

Wer ewig vor sich und seiner Heimat flieht, findet keine Ruhe und zeigt die heutige Massenhaftigkeit der menschlich-psychischen oder dann somatischen Erkrankungen. So bleibt sie Katze wichtig als Sozialisationselement für den emanzipierten Mann wie Frau.

Natürlichkeit

Dieser Begriff zieht sich wie ein roter Faden durch diese Zeilen, weil er der grundlegende Unterschied zwischen den Formen der existentiellen Äußerung zwischen Katze und Mensch. Um es noch einmal auf den Punkt zu bringen.

Der Mensch spielt soziologisch eine Rolle, die Katze lebt ihr Leben. Es gibt für den Menschen Verhaltensweisen und Normen, die ihm immer vorgegeben werden sollen. Die Katze inhaliert ihr Innenleben je nach Charakter nach außen, bleibt aber Katze.

Auch die Verhaltensweisen und Äußerlichkeiten der Unterschiede zwischen Mann und Frau sind bei Kater und Katze lange nicht so ausgeprägt. Sie leben eben auch grundsätzlich nicht miteinander.

Das hat heute jemand sehr direkt zum Ausdruck beim Saarbrücker-Frauenfußball gebracht: Wenn ich eine Frau brauche, suche ich mir eine. Genauso tut es der Kater, wenn er Lust hat und Paarungszeit ist. Er sucht sich eben eine Gleichgesinnte oder die Katze umgekehrt.

Auch in der Unabhängigkeitssphäre sollte, wenn es gewollt ist vom Mensch, das Katzentierreich mehr als Vorbild gelten. Man kann kommunizieren, aber in Trennung zu der Abhängigkeit, die sich immer wieder auftut, wenn eine feste Verbindung gesucht.

Die kann zwar die ersten zwei Jahre schön und rosa-rot sein, dann aber in der Widerstandsphase zum Torso werden. Der Mann ist anders gestrickt als die Frau, da gibt es aus der Evolution einfach Unterschiede.

So war auch heute in dem Spiel wieder etwas Frappierendes zu beobachten. In der ersten Halbzeit stimmte beim FCS aller Einsatz, Spielkultur und Chancen, auch bei Rückstand. In der zweiten Halbzeit muss irgendetwas Entscheidendes in der Kabine passiert sein.

Das Soziogramm der Männer im Fußball ist ein entscheidend Anderes als bei den Frauen. Ein Zuschauer sagte: Der Zicken-Krieg. Sie motzten sich in der zweiten Halbzeit an, vielleicht gab es wieder Verbindungen untereinander oder im Trainerstab, die negativ.

Ist das die Natur des Menschen oder gar der Frau und muss da nicht die Katze in ihrer grundlegenden Regelmäßigkeit auf Naturpfoten nicht als Vorbild gelten? Wenn auch wie hier Elf miteinander spielen, so ist doch Jeder oder Jede allein in dem Moment, wo sie den Ball hat und hinterherläuft.

Meiner Meinung hat noch nicht die menschliche Gesellschaft die Gruppe ab Drei gelernt, da wir ursprünglich allein oder dann in der Höhle die Frau und der Mann als Jäger uns evolutionierten. Ist der Mensch überhaupt zum friedlichen Miteinander außer im Duo fähig?

Eine interessante Frage der Natürlichkeit, denn die Katze kann es nicht. Es ist schon schwer mit Zwei und von daher stellt sich schon die Frage, ob feststehende soziologische Entwicklung von 50% Single-Haushalten in deutschen Großstädten nicht die Wieder-Natürlichkeit des Menschen.

So nehmen wir uns doch unbewusst die Katzenwelt als Beispiel und werden vielleicht zu besseren Menschen, wenn wir auch reflektieren können, dies in anderen Formen der

Sozialenergie, katzenmäßigeren Lebensweisen zu transformieren.

Und die Katze kostet den Mensch eben nicht nur Geld und macht Dreck. Wie wir von unseren Kindern lernen können, so kann auch das Lernen vom Tier Spaß machen und jeden Einzelnen weiterbringen in allen Punkten natürlich beachtend, dass wir Menschen höherentwickelt in unseren Ressourcen, aber sozial uns in vielen Punkten zurückentwickelt haben.

So ist der aussterbende Faktor der familiären Wärme der deutschen Gesellschaft, die ersetzt wird durch eine Kälte des privaten und wirtschaftlichen Umgangs hin zum Profit aber heute in der Diskussion des Zurück zur Demokratisierung in Empathie und Dankbarkeit und der letztlichen Unerpressbarkeit des Menschen, zum Beispiel in einem bedingungslosen Grundeinkommen, das die Katze hat in ihrer Natur Vorleistung für einen besseren und grundlegenderen Umgang.

Wärme

Gegenüber der Kälte, die wir im zwischenmenschlichen Bereich heute immer mehr erfahren, hat die Katze das was sie durch ihr weiches Fell und ihre Ehrlichkeit den Menschen weitergibt, nämlich den Ofen oder Kamin, der wie die Bäume CO_2 ausstrahlt.

Es ist aber wie in allem nur das als Output gebbar, was als Input hineingeht. Gibt der Mensch ihr kein Futter oder versorgt sie, wenn sie eine Krankheit hat, ist sie auch nicht dankbar. So ist der Mensch mit der Katze auch immer in einem Wechselspiel variierbar.

Gehen beide aufeinander ist es ein herrliches Wechselspiel des Mehr, des menschlich-tierischen sozialen Mehrwert, der vergleichbar mit einer grundlegend intakten Familie. Gehen beide emanzipiert miteinander um, das heißt sie das Geben und Nehmen ist im Einklang, so kann der Surplus für Beide ein Höher entstehen lassen.

Wer etwas gibt, bekommt etwas vom Anderen, ob Mensch oder Tier und in dem Fall der Katze ist es ihr unendlich erscheinende Empathie und menschliche Wärme des beschriebenen Schmusens, der Ehrlichkeit und Zuneigung, auch in Fürsorge zu ihren Kindern.

Zeigt sich in Deutschland, dass auf einmal in den letzten fünf Jahren fast doppelt so viel Kinder vom Jugendamt in Heimen untergebracht wurden, so muss doch hinterfragt werden, ob der Mensch oder gerade die Mutter mit dem leiblichen Vater noch ihre Naturaufgaben beherrscht.

Auch da ist wieder die Katze ein Vorbild, denn sie ist kein Kuckuck, der anderen seine Geborenen ins Nest legt, sondern sich auf Teufel komm heraus um ihre Nachkommen eben in der notwendigen Periode des Pflücke-Werdens kümmert.

Ein Beispiel, das auch den sogenannten Hollywood-Stars gelten sollte, die sich oft verheirateten, aber ihre Sprösslinge entweder den Vätern oder Müttern hinterlassen, von einer Drugs-Fete zur nächsten hecheln und die Kinder genauso narzisstisch sich entwickeln, wie sie es gelernt haben.

Wärme ist niemals das Geld, das in den Sozius der Gesellschaft oder Kinder hineingesteckt werden, das ist Voraussetzung als materielle Existenz, sondern Wärme steht für die Nächstenliebe, die sich natürlich stärker zum Partner oder Kind zeigt, aber gegeben sein sollte in allgemeiner Kommunikation.

So ist das Miteinander das entscheidende Kriterium für die Beziehungen unter Menschen und Tieren und eben auch als beschriebenes Beispiel des von Katze und Mensch in Dialektik. Denn alles ist ein Wechselspiel der Interdependenz.

So wie ich in den Wald hineinrufe, so schallt es auch heraus. So gibt die Katze unendlich viel, weil sie sehr viel in sich hat mit der Erwartung der Gegenleistung. Und diese Vorleistung sollte sich auch der Mensch als Reflexion angewöhnen.

Die kritische Positivität hat die Katze im Ursprung und kann auch Richtschnur für den Menschen sein, indem einfach bei gesunder Vorsicht und natürlichem Misstrauen der Realität aber immer wieder von der Katze versucht wird, einen Neuanfang in Wärme geben und bekommen gestartet wird.

So ist es auch mit menschlichen Beziehungen. Geht eine
auseinander, so sollte man nie aufgeben noch einmal in eben
neuer Phase eine einzugehen mit den gegebenen Erfahrungen
in Reflexion aber mit dem Schuss der Hoffnung, denn wenn die
stirbt, ist der Mensch lebend tot.

Grüne Katzen-und Frauen-Augen

Als letztes Kapitel des Buches ist natürlich notwendig auch die eigene Sphäre zu beleuchten, die daran besteht, dass komischerweise oder eben logisch vier von meinen fünf langen Beziehungen oder sogenannten Ehen ohne Trauschein immer die Frauen grüne Katzenaugen hatten.

Selbst meine kubanische Verlobte und auch eine sehr nette Bekanntschaft in Havanna, die ich im letzten Aufenthalt kennenlernte hatte diese Schönheit. Auch überraschenderweise Frauen, die interessant für mich scheinen oder wie gesagt die Chemie stimmt, stellet sich bei Face-to-Face heraus: Sie hat grüne Augen.

Es ist wohl die Übereinstimmung des eigenen ausgeprägten Katzencharakters der Freiheitsliebe und Eigenständigkeit, der mich beim Partner diese Ähnlichkeit suchen lässt. Und eines kann man sagen, all diese Frauen würde ich unter den Umständen wieder nehmen, ich habe es nicht bereut, nur:

Bei der die als Mannequin und Lehrerin die rein braunen Augen hatte, wurde ich materiell und immateriell im Vertrauen hintergangen. Die mit grünen Augen habe eine sehr starke frauliche Ausstrahlung und sind im Großen und Ganzen ehrliche Frauen.

Sie sind wie die Katze nicht immer einfach, aber sie geben viel und nehmen sich viel und bekommen auch viel von mir, so dass letztlich gerade in den ersten zwei bis drei Jahren ein gutes Pari-Pari entstanden ist.

Schwierig ist immer die Zeit, wo der Widerstand sich bei der Frau zeigt und sie ist in dieser Phase die tragende Kraft, die es kompliziert macht, denn auf einmal sieht die Liebe des Mannes oder übersetzt der Katze als Selbstverständlichkeit und will nichts dafür tun.

Das ist aber ein Problempunkt der menschlichen Ebene eben zu wetteifern und überlegen sein zu wollen, die im Katzencharakter nicht gegeben. Sie nutzt nicht die Wärme des Anderen aus, sondern gibt zudem immer im Gleichklang.

Sie hat grundsätzlich keine Wellen in ihrem Charakter, der aber immer eigen, aber katzengerecht und letztlich im Sinne des homo sapiens, den der Mensch überkapitalisiert. Dies bedeutet einfach hin zum grünen Auge der Ehrlichkeit, die gegeben ist.

Denn diese Katzenaugen, die oft als Reflektor am Fahrrad oder Auto als Sicherheit des Schutzes gelten sind somit die Faktoren, die etwas Menschliches in sich bergen zum Wohle der Menschheit. So sind die Grün-Menschen diejenigen auf jeden Fall auf fraulicher Seite die ein Vorbild sein sollen in ihrer Katzerie.

Der Blick ist entscheidend für die Wahrheit des Menschen und er kann täuschen, aber er kann auch wechseln je nach Situation, aber eine Grundtendenz ist für meine Person im bisherigen Leben hin zum Schlag des Katzencharakters im Blick des Menschen orientiert.

Es zeigt sich auch bei diesen Frauen die Ähnlichkeit zu Katzen, dass sie sich trennen, wenn das in einer Beziehung nicht mehr gegeben, was sie fordern. Sie nehmen gerne den Vorteil, aber nicht auf Teufel komm heraus.

Grün ist die Farbe der Hoffnung, die eben nie sterben soll und bedeutet für den Menschen das Rückgrat der Katze, die ohne direktes Erblicken dieser Farbe aber immanent in aller Grundhaltung, Aura und Körpersprache positiv im menschlichen Sinne der Humanitas ausgedrückt wird.

Nachwort

Ich glaube, dass sich in dieser relativ kleinen Schrift, aber entsprechenden Elementen des Vergleiches der menschlichen Psyche und Verhaltensweisen der Katze und des Menschen herausgestellt hat, dass unter meinem Standpunkt doch die Katze heute noch der bessere Mensch.

Aber in der Hoffnung, dass durch die Weiter- oder Rückentwicklung des Austausches der menschlichen Beziehungen wieder mehr ein Geben und Nehmen stattfindet, so dass die Katze in ihrer charakterlichen Ausprägung Vorbild- und Vergleichsmoment bleibt.

Der Mensch ist wie die Katze letztlich notwendig aufgestellt in eigenem Ich der Individualität im Austausch zu Anderen und der Umwelt. Diese gleichen Voraussetzungen von Katze und Mensch sollten aber unter dem Diktat und Notwendigkeit der Ehrlichkeit und Empathie, schlichtweg den Charakteren der Humanitas als Menschlichkeit stehen.

War eben wie vorangestellt schon lange ein Katzenbuch relevant für mich, so hat es mir aber geholfen über den doch schmerzlichen Tod von Ronia besser hinwegzukommen und mich auch gegen diejenige Spezies Mensch abzugrenzen, die zwischen Tier und Mensch keine natürlich-sinnvolle Verbindung sieht.

Irgendwo ist auch jetzt nach fünf Monaten die Wohnung immer noch leerer, obwohl der Mensch ein Gewohnheitstier. Die eigene Entscheidung wieder eine Katze ins Haus zu nehmen, ist von der eigenen örtlichen und regionalen Entwicklung im Moment abhängig und behandele ich rational.

Aber das Herz bleibt beim Katzencharakter, nicht nur, weil dem meinigen so ähnlich, sondern auch die menschliche Mehrheit mir die Ehrlichkeit und Korrektheit zuspricht, die mehr von der Katze honoriert als vom egoistisch-neoliberalen Zeitgenossen.

So sieht sich diese Schrift auch wieder soziologisch als Element der kritischen Auseinandersetzung der menschlichen Beziehungen in Aufruf zur Reflexion des eigenen Tuns mit Höherentwicklung zu gesünderen und somit besseren sozialen Strukturen hin zu meiner Theorie und Praxis des Beziehungssozialismus.

Diese Theorie in der diesjährigen Schrift „Die Emanzipation des Mannes" auch manifestiert in Praxis bedeutet eben nicht nur die Überwindung des herrschenden Beziehungskapitalismus in dem Miteinander der Menschen, sondern eine neue Form im Umgang unserer Spezies mit den Tieren und letztlich damit der Natur als Grundlage unserer Existenz, die einfach zum dauerhaften Weiterleben in Harmonie und Waage des Ausgleiches notwendig.

Bernd Hensel im Oktober 2017

Biografie

Mit dem Jahrgang der Spaltung 1961 und dem steten Anspruch soziopolitisch in den menschlichen Beziehungen sowohl beruflich als auch schriftstellerisch etwas zum Menschlichen hin zu verändern, ist zum ersten Mal ein Buch über die Katze in ihrem Einzelcharakter als mögliches oder notwendiges Vorbild der Kultur entstanden. Als Soziologe, Manager mit internen Doktortiteln der Milieutherapie und jetzt im Beziehungssozialismus soll es diese Theorie auch durch eigene Erfahrungen den menschlichen Gedanken mit eben dem entscheidenden Tun verbinden, vielleicht auch ohne die Ehe, die der Katze unbekannt und zunehmend der heutigen deutschen Gesellschaft.